HAUSGEMACHTER INFUSED WEIN

100 EINFACHE UND LECKERE REZEPTE

ADALWOLF SCHMITZ

1

Haftungsausschluss

Die in diesem eBook enthaltenen Informationen sollen als umfassende Sammlung von Strategien dienen, die der Autor dieses eBooks erforscht hat. Zusammenfassungen, Strategien, Tipps und Tricks sind nur Empfehlungen des Autors, und das Lesen dieses eBooks garantiert nicht, dass die eigenen Ergebnisse genau die Ergebnisse des Autors widerspiegeln. Der Autor des eBooks hat alle zumutbaren Anstrengungen unternommen, um aktuelle und genaue Informationen für die Leser des eBooks bereitzustellen. Der Autor und seine Mitarbeiter haften nicht für unbeabsichtigte Fehler oder Auslassungen, die möglicherweise gefunden werden. Das Material im eBook kann Informationen von Dritten enthalten. Materialien von Drittanbietern enthalten Meinungen, die von ihren Eigentümern geäußert werden. Daher übernimmt der Autor des eBooks keine Verantwortung oder Haftung für Materialien oder Meinungen Dritter.

INHALTSVERZEICHNIS

INHALTSVERZEICHNIS................................4

EINLEITUNG................................8

INFUSIERTE WEINE................................11

   1. WEIßER SANGRIA-WEIN................................12

   2. ORANGEN UND FEIGEN IN GEWÜRZTEM ROTWEIN.............. 15

   3. MIT STERNANIS-KAFFEE ANGEREICHERTER WEIN................ 18

   4. ROSE, ERDBEERE UND TRAUBENWEIN................................ 21

   5. EISWEIN PFIRSICHE................................24

   6. ZITRONEN- UND ROSMARINWEIN................................27

   7. HAUSGEMACHTER KIWIWEIN................................ 30

   8. MANGOS IN WEIN................................ 32

   9. LÖWENZAHNWEIN................................34

   10. HEIßER APFELWEIN................................ 36

   11. HEIßE PREISELBEERWEINSCHALE AM KAMIN.................... 39

   12. PFEFFERWEIN................................ 42

   13. ANANAS IN PORTWEIN................................44

   14. RHABARBERWEIN................................ 47

   15. HEIßER GEWÜRZTER WEIN................................50

   16. CRANBERRY-INFUNDIERTER WEIN................................52

   17. MIT HIMBEERMINZE ANGEREICHERTER WEIN................ 54

   18. LIEBESGETRÄNKTER WEIN................................56

   19. ÄPFEL IN ROTWEIN................................59

   20. WEIN AUS BAJAN-PFEFFER................................ 62

   21. ORANGENER DESSERTWEIN................................ 64

   22. ORANGE MIT ROTWEINSIRUP................................ 67

   23. ORANGENWEIN................................70

   24. INGWERWEIN................................ 73

25. GLÜHWEIN...75

26. WEINKÜHLER...78

27. WEIN EIERLIKÖR...80

28. WEINKÜHLER PFIRSICH..83

29. MIT GRÜNEM TEE ANGEREICHERTER WEIN..........................85

30. ERFRISCHENDER WEIN-DAIQUIRI.....................................88

31. MELONEN- UND ERDBEERCOCKTAIL.................................90

32. JUWELENBESETZTER WEINSCHIMMER.............................93

33. ROSMARINWEIN UND SCHWARZER TEE..........................96

34. EARL GREY TEESCHORLE...99

35. MIT WEIN ANGEREICHERTE HEIßE SCHOKOLADE.............102

36. CRANBERRY-WEINPUNSCH...105

WEIN-INFUSIERTE LEBENSMITTEL............. 107

37. OBST- UND WEINKOMPOTT..108

38. SCHOKOLADENTRÜFFEL..111

39. EIS MIT ERDBEEREN..114

40. MELONENMOUSSE IN MUSKATWEIN............................117

41. ISRAELISCHER WEIN UND NUSSKUCHEN.......................120

42. WEINKEKSE..123

43. STACHELBEERWEINFONDUE..125

44. KUCHEN UND WEINPUDDING.......................................128

45. ROTWEIN UND HEIDELBEER-GRANITA..........................131

46. COUPÉ AUS MELONE UND HEIDELBEERE........................134

47. LIMETTENKUCHEN MIT WEINCREME.............................137

48. MATZEN-WEIN-BRÖTCHEN..140

49. MUSTOKOULOURA..143

50. ORANGEN-WEIN-WAFFELN...146

51. ORANGEN MANDELKUCHEN.......................................149

52. PFLAUMENKUCHEN MIT CRÈME FRAICHE......................152

53. ROTWEIN-BROWNIES...155

54. VANILLE-PANNA-COTTA...158

55. WEINTORTE...161

5

56. ZABAIONE......164

57. WINTERFRÜCHTE IN ROTWEIN......166

58. ZITRONENTEEKUCHEN......169

59. MIT WEIN UND SAFRAN ANGEREICHERTE MUSCHELN......172

60. JAKOBSMUSCHELN IN WEINSAUCE......175

61. HEILBUTTSTEAKS MIT WEINSAUCE......178

62. GRIECHISCHE FLEISCHROLLEN IN WEINSOßE......181

63. LINSEN MIT GLASIERTEM GEMÜSE......184

64. HEILBUTT IN GEMÜSESOßE......187

65. KRÄUTERWÜRSTE IN WEIN......190

66. FISCHBRÖTCHEN IN WEIßWEIN......193

67. KRÄUTERTOFU IN WEIßWEINSAUCE......196

68. GEGRILLTER OKTOPUS IN ROTWEINMARINADE......199

69. GEBACKENE SÜßE KOCHBANANEN IN WEIN......202

70. NUDELN IN ZITRONEN-WEIßWEIN-SAUCE......204

71. NUDELN MIT MUSCHELN IN WEIN......207

72. ROTWEINFETTUCINE UND OLIVEN......210

73. ORECCHIETTE-NUDELN UND HÄHNCHEN......213

74. RINDFLEISCH MIT PORTOBELLO-SAUCE......216

75. ITALIENISCHE KÄSE- UND ROTWEINWURST......219

76. PILZE UND TOFU IN WEIN......222

77. APRIKOSEN-WEINSUPPE......225

78. PILZSUPPE MIT ROTWEIN......228

79. BORLEVES (WEINSUPPE)......231

80. KIRSCHWEINSUPPE......234

81. DÄNISCHE APFELSUPPE......236

82. CRANBERRY-WEIN-WACKELPUDDING-SALAT......239

83. DIJON-SENF MIT KRÄUTERN UND WEIN......242

84. MIT WEIN ANGEREICHERTER BUCATINI......244

85. SPARGEL IM WEIN......247

86. SENF, WEINMARINIERTE WILDKOTELETTS......249

87. HÜHNERFLÜGEL MIT WEINDRESSING......251

88. OEUFS EN MEURETTE......254

89. RISOTTO MIT ROTWEIN UND PILZEN.............................. 257

90. ROTWEIN-GAZPACHO... 260

91. REIS UND GEMÜSE IN WEIN...................................... 263

92. MIT KAVIAR GEFÜLLTER BABYLACHS.............................266

93. KNOBLAUCH-WEIN-REIS-PILAW.................................. 269

94. BASKISCHE LAMMLEBER MIT ROTWEINSAUCE................. 272

95. IN BAROLOWEIN GESCHMORTES RINDFLEISCH.................275

96. GESCHMORTER SCHNITZEL IN WEIßWEIN.......................278

97. CALAMARI IN UMIDO..281

98. GESCHMORTE OCHSENSCHWÄNZE MIT ROTWEIN............ 284

99. FISCH IM WEINAUFLAUF.. 287

100. MIT WEIN ANGEREICHERTE GEGRILLTE SCHWEINEKOTELETTS290

FAZIT... 293

EINLEITUNG

Das Aufgießen mit Wein kann ein Genuss und eine Bereicherung für gutes Essen, Trinken und ein feines Essen sein! Beim Erhitzen des Weins verschwinden sowohl der Alkoholgehalt als auch die Sulfite, sodass nur die Essenz zurückbleibt, die einen subtilen Geschmack verleiht.

Die erste und wichtigste Regel: Verwenden Sie zum Kochen nur Weine oder Getränke, die Sie auch trinken würden. Verwenden Sie niemals einen Wein, den Sie NICHT TRINKEN WÜRDEN! Wenn Sie den Geschmack eines Weins nicht mögen, werden Sie das Gericht und das Getränk, in dem Sie ihn verwenden, nicht mögen.

Verwenden Sie keine sogenannten „Kochweine"! Diese Weine sind typischerweise salzig und enthalten andere Zusatzstoffe, die den Geschmack Ihres gewählten Gerichts und Menüs beeinflussen können. Der Prozess des Kochens/Reduzierens bringt das Schlimmste in einem minderwertigen Wein zum Vorschein.

Wein hat in der Küche drei Hauptverwendungszwecke – als Marinadenzutat, als Kochflüssigkeit und als Aromastoff in einem fertigen Gericht.

Die Funktion von Wein beim Kochen besteht darin, den Geschmack und das Aroma von Speisen zu intensivieren, zu verbessern und zu betonen – nicht den Geschmack dessen, was Sie kochen, zu überdecken, sondern ihn zu verstärken.

Um die besten Ergebnisse zu erzielen, sollte Wein erst kurz vor dem Servieren zu einem Gericht hinzugefügt werden. Der Wein sollte mit dem Essen oder der Sauce köcheln, um den Geschmack zu verstärken. Es sollte während des Kochens mit dem Essen oder in der Sauce köcheln; Während der Wein kocht, reduziert er sich und wird zu einem Extrakt, der Aromen hervorruft.

Denken Sie daran, dass Wein nicht zu jedem Gericht gehört. Mehr als eine Sauce auf Weinbasis in einer einzigen Mahlzeit kann eintönig sein. Verwenden Sie Wein nur dann zum Kochen, wenn er etwas zum fertigen Gericht beitragen kann.

INFUSIERTE WEINE

1. Weißer Sangria-Wein

Zutat

- 1/2 Limette
- 1/2 Zitrone
- 1 Pfirsich
- 1/2 grüner Apfel
- 1,5 Tassen Wein

Richtungen:

a) Stellen Sie sicher, dass der Wein mindestens Zimmertemperatur oder etwas wärmer hat.

b) Schrubben Sie leicht die Außenseite der Limette und der Zitrone und entfernen Sie dann die Schale mit einem Gemüseschäler oder einer Zester. Stellen Sie sicher, dass sich auch wenig bis gar kein Mark löst, und entfernen Sie es mit einem Schälmesser. Schrubben Sie die Außenseite des Apfels leicht, entkernen Sie ihn und würfeln Sie ihn grob. Den Pfirsich außen leicht abbürsten, dann den Kern entfernen und das Fruchtfleisch grob würfeln.

c) Alle Zutaten zusammen mit dem Wein in den Aufschlagsiphon geben. Den Aufschlagsiphon verschließen, aufladen und 20 bis 30 Sekunden lang schwenken. Lassen Sie den Siphon anderthalb Minuten länger sitzen. Legen Sie ein Handtuch über den Siphon und entlüften Sie ihn. Öffnen Sie den Siphon und warten Sie, bis das Sprudeln aufhört.

d) Falls gewünscht, den Wein abseihen und vor der Verwendung mindestens 5 Minuten ruhen lassen.

2. Orangen und Feigen in gewürztem Rotwein

Zutat

- 2 Tassen Rotwein

- 1 Tasse Zucker

- 1 Stück Zimtstange

- 4 Sternanis; zusammengebunden mit

- 4 Kardamomkapseln; zusammengebunden mit

- 2 ganze Nelken

- 6 große Navel-Orangen; geschält

- 12 getrocknete Feigen; halbiert

- ⅓ Tasse Walnüsse oder Pistazien; gehackt

Richtungen

a) Kombinieren Sie Wein, Zucker und Bouquet garni in einem Topf, der groß genug ist, um die Orangen und Feigen in einer einzigen Schicht aufzunehmen. Zugedeckt bei mäßiger Hitze zum Köcheln bringen.

b) Die Feigen zugeben und 5 Minuten köcheln lassen. Fügen Sie die Orangen hinzu und wenden Sie sie 3 bis 4 Minuten lang, damit sie gleichmäßig garen.

c) Schalten Sie die Hitze aus und lassen Sie die Orangen und Feigen im Sirup abkühlen. Obst in eine Servierschüssel geben. Den Sirup auf die Hälfte reduzieren und abkühlen lassen. Verwerfen Sie die Blumenstraußgarnitur und löffeln Sie den Sirup über die Feigen und Orangen.

3. Mit Sternanis-Kaffee angereicherter Wein

Zutat

Für den mit Kaffee angereicherten Rotwein

- 5 Esslöffel geröstete Kaffeebohnen
- 1 750-ml-Flasche trockener
  italienischer Rotwein
- 1 Tasse Wasser
- 1 Tasse Turbonado-Zucker
- 12-Sterne-Anis

Für den Cocktail

- 3 Unzen mit Kaffee angereicherter
  Rotwein
- 1 Unze Cocchi Vermouth di Torino,
  gekühlt
- 2 Teelöffel Sternanisirup
- 2 Spritzer Fee Brothers Aztec Bitter
- Eis (optional)
- Garnitur: Zimtstange oder
  Zitronenscheibe

Richtungen

a) Für den mit Kaffee angereicherten
   Rotwein: Kaffeebohnen in die
   Weinflasche geben, mit Stöpsel

verschließen und 24 Stunden bei Raumtemperatur ziehen lassen. Vor Gebrauch abseihen.

b) Für den Sternanis-Sirup: Wasser, Zucker und Sternanis zum Kochen bringen und rühren, bis sich der Zucker aufgelöst hat. Vom Herd nehmen und 30 Minuten ziehen lassen. Abseihen und in Flaschen abfüllen, im Kühlschrank aufbewahren.

c) Für jedes Getränk: In einem Weinglas mit Kaffee angereicherten Wein, Cocchi-Wermut, Sternanisirup und Schokoladenbitter umrühren. Nach Belieben Eis hinzugeben und garnieren.

4. Rose, Erdbeere und Traubenwein

Zutat

- 100 g Erdbeeren, geschält und in Scheiben geschnitten
- 1 mittelgroße rote Grapefruit, in Scheiben geschnitten
- 1 Hagebuttenzweig, optional (falls Saison)
- 1 TL Rosenwasser
- 700 ml Rosé-Blush-Wein

Richtungen:

a) Erdbeeren, geschnittene Grapefruit und Rosenwasser in ein sterilisiertes 1-Liter-Glas oder eine Flasche geben und über den Rosé gießen. Verschließen Sie das Glas fest und bewahren Sie es über Nacht im Kühlschrank auf. Schütteln Sie das Glas gelegentlich vorsichtig, um die Aromen zu entfalten.

b) Wenn Sie servierbereit sind, passieren Sie den Rosé durch ein feinmaschiges Sieb, das mit Musselin oder einem sauberen J-Tuch ausgelegt ist, in einen großen Krug und entsorgen Sie die Früchte.

c) Zum Servieren eine Menge Rosen-, Erdbeer- und Grapefruitwein mit Sprudelwasser aufgießen und mit Rosenblättern garnieren. Für einen Rosen-Aperol-Spritz 200 ml infundierten Rosé mit 25 ml Aperol mischen und mit einer Scheibe Grapefruit garnieren.

5. Eiswein Pfirsiche

Zutat

- 6 frische Pfirsiche, gehäutet, entkernt und halbiert
- $\frac{1}{2}$ Tasse Zucker (125 ml)
- 1 Tasse Eiswein (250 ml)
- 1 Tasse Wasser (250 ml)

Richtungen

a) In einem Topf 1 Tasse Wasser, Zucker und Eiswein mischen und bei schwacher Hitze köcheln lassen, bis sich der Zucker aufgelöst hat. Kochen Sie den Sirup weitere 3 Minuten lang, nehmen Sie ihn vom Herd und stellen Sie ihn beiseite, bis er benötigt wird.

b) Pfirsichhälften in eine Glasschüssel geben und Eisweinsirup darüber gießen und im Kühlschrank aufbewahren, damit sich die Aromen vermischen können.

c) Gekühlt in einer kleinen Schüssel servieren und mit Puderzucker beträufeln.

6. Zitronen- und Rosmarinwein

Zutat

- 1 Flasche Weißwein Ich würde Sauvignon Blanc, Grauburgunder, Grauburgunder oder Riesling verwenden
- 4 Zweige frischer Rosmarin
- 3-4 lange Stücke Zitronenschale versuchen, die weiße Haut nicht darauf zu bekommen

Richtungen:

a) Öffnen Sie Ihre Weinflasche oder verwenden Sie die Flasche, die einige Tage in Ihrem Kühlschrank gestanden hat.

b) Reinigen und trocknen Sie Ihre Kräuter (in diesem Fall Rosmarin).

c) Entfernen Sie mit einem Gemüseschäler 4-5 lange Stücke der Zitronenschale und achten Sie darauf, dass nicht zu viel von dem weißen Harz erhalten wird.

d) Rosmarin und Zitronenschale in die
   Weinflasche geben.

e) Fügen Sie einen Korken hinzu und legen
   Sie ihn über Nacht bis zu mehreren
   Tagen in Ihren Kühlschrank.

f) Zitronenschale und Kräuter wegwerfen.

g) Trink den Wein.

7. Hausgemachter Kiwiwein

Zutat

- 75 Reife Kiwi

- 2 Pfund rote Trauben, gefroren

- 12 Unzen 100 % Traubenkonzentrat

- 10 Pfund Zucker

- 2 Packungen Hefe

Richtungen

a) Kiwi schälen, mit aufgetauten Trauben
   pürieren, Zucker in Ballonflasche geben,
   vollständig auflösen, Fruchtpüree,
   Traubenkonzentrat, Wasser und Hefe
   zugeben.

b) Wie gewohnt fermentieren. das ist nur
   der erste Abstichgeschmack

8. Mangos in Wein

Zutat

- 12 reife Mangos

- ⅔ Liter Rotwein

- 130 Gramm Kristallzucker

- 2 Schoten frische Vanille

Richtungen

a) Die Haut von den Mangos entfernen und in zwei Scheiben schneiden, dabei die Kerne entfernen.

b) Mit der Hohlseite nach oben in eine große Schüssel geben und mit Wein bedecken.

c) Zucker und Vanilleschoten zugeben. 45 Minuten backen, abkühlen lassen und vor dem Servieren gut kühlen.

9. Löwenzahnwein

Zutat

- 4 Liter Löwenzahnblüten

- 4 Liter kochendes Wasser

- 6 Orangen

- 4 Zitronen

- 2 Hefekuchen

- 4 Pfund Zucker

Richtungen

a) Die Blüten in kochendem Wasser überbrühen und über Nacht stehen lassen. Am nächsten Morgen abseihen, das Fruchtfleisch und den Saft von 6 Orangen, den Saft von 4 Zitronen, die Hefe und den Zucker hinzufügen.

b) 4 Tage gären lassen, dann abseihen und abfüllen. In kleinen Gläsern bei Zimmertemperatur servieren.

10. Heißer Apfelwein

Zutat

- ½ Tasse Rosinen

- 1 Tasse leichter Rum

- 6 Tassen Apfelwein oder Apfelwein

- 2 Tassen Orangensaft

- ⅓ Tasse Brauner Zucker

- 6 ganze Nelken

- 2 Zimtstangen

- 1 Orange, in Scheiben schneiden

Richtungen

a) Rosinen in einer kleinen Schüssel mehrere Stunden oder über Nacht in Rum einweichen.

b) In einem großen Topf alle Zutaten mischen und unter häufigem Rühren erhitzen, bis sich der Zucker auflöst. Leicht köcheln lassen, bis es heiß ist. Nicht kochen. In hitzebeständigen Punschbechern oder Bechern servieren. Ergibt 9 Tassen

38

11. Heiße Preiselbeerweinschale am Kamin

Zutat

- 4 Tassen Preiselbeersaft-Cocktail

- 2 Tassen Wasser

- 1 Tasse Zucker

- 4 Zoll Stange Zimt

- 12 Nelken, ganz

- 1 Schale von 1/2 Zitrone, einschneiden

- 1 Streifen

- 2 Fünftel trockener Wein

- $\frac{1}{4}$ Tasse Zitronensaft

Richtungen

a) Kombinieren Sie Preiselbeersaft, Wasser, Zucker, Zimt, Nelken und Zitronenschale in einer Saucenpfanne. Zum Kochen bringen, rühren, bis sich der Zucker aufgelöst hat.

b) Offen 15 Minuten köcheln lassen, abseihen. Wein und Zitronensaft dazugeben, gut erhitzen, aber NICHT

KOCHEN. Nach Belieben Muskatnuss auf jede Portion streuen.

12. Pfefferwein

Zutat

- 6 Pfeffer, rot, scharf; frisch

- 1 Pint Rum, leicht

Richtungen

a) Geben Sie die ganzen Paprikaschoten in ein Glasgefäß und gießen Sie den Rum (oder trockenen Sherry) hinein. Mit dem Deckel fest verschließen und vor Gebrauch 10 Tage stehen lassen.

b) Verwenden Sie ein paar Tropfen in Suppen oder Saucen. Pfefferessig wird auf die gleiche Weise hergestellt.

c) Wenn keine frischen Paprikaschoten verfügbar sind, können ganze, scharfe getrocknete Paprikaschoten verwendet werden.

13. Ananas in Portwein

Zutat

- 1 mittelgroße Ananas, gereinigt (ca. 2-1/2 lbs.)

- Fein geschälte Schale von 1 Orange

- Fein geschälte Schale von 1/2 Grapefruit

- 4 Esslöffel hellbrauner Zucker oder nach Geschmack

- $\frac{3}{4}$ Tasse Ananassaft

- $\frac{1}{2}$ Tasse Port

Richtungen

a) Dies ist eine besonders gute Behandlung für eine Ananas, die sich als nicht so süß herausstellt, wie sie sein sollte. Je besser der Port, desto besser das Dessert. Machen Sie dieses Dessert einen Tag im Voraus für den besten Geschmack.

b) Die Ananas schälen, in Scheiben schneiden, entkernen und in 1-Zoll-

Würfel oder dünne Scheiben schneiden. In der Pfanne die Schalen, den Zucker und den Ananassaft kochen. Kochen, bis die Schalen weich sind, etwa 5 Minuten. Während die Flüssigkeit noch warm ist, die Ananasstücke hinzugeben und den Port unterrühren

c) Kühlen Sie für mindestens 8 Stunden oder über Nacht. Vor dem Servieren auf Zimmertemperatur kommen lassen, sonst gehen die Aromen verloren.

14. Rhabarberwein

Zutat

- 3 Pfund Rhabarber

- 3 Pfund weißer Zucker

- 1 Teelöffel Hefenährstoff

- 1 Liter heißes Wasser (muss nicht kochen)

- 2 Campden-Tabletten (zerstoßen)

- Weinhefe

Richtungen

a) Schneide deine Rhabarberstangen klein und friere sie einige Tage in Plastiktüten ein, bevor du den Wein herstellst. Ich verstehe wirklich nicht, warum das einen Unterschied machen sollte, aber es tut es. Wenn Sie frischen Rhabarber verwenden, wird der Wein nie so gut.

b) Du musst Geduld haben. Rhabarberwein kann mit acht Monaten uninteressant und mit zehn Monaten richtig gut schmecken. Du musst es weich werden lassen.

c) Verwenden Sie gefrorenen, geschnittenen Rhabarber. Geben Sie es zusammen mit dem Zucker in den Primärfermenter. Abdecken und 24 Stunden stehen lassen. Heißes Wasser dazugeben, alles verrühren und den Rhabarber abseihen.

d) Geben Sie die Flüssigkeit zurück in den Hauptgärer und fügen Sie den Rest der Zutaten hinzu, wenn sie lauwarm ist.

e) Zugedeckt drei bis vier Tage gären lassen. Dann die Flüssigkeit in Gallonenkrüge mit Gärschleusen absaugen.

15. Heißer gewürzter Wein

Zutat

- ¼ Liter Weiß- oder Rotwein (1 Tasse plus 1 Esslöffel) 6 Würfelzucker, oder nach Geschmack

- Je 1 ganze Gewürznelke

- 1 kleines Stück Zitronenschale

- Etwas Zimtstange

Richtungen

a) Alle Zutaten mischen und erhitzen, knapp bis zum Siedepunkt.

b) In ein vorgewärmtes Glas füllens, Glas in eine Serviette wickeln und sofort servieren.

16. Cranberry-infundierter Wein

Zutat

- 2 c. trockener Weißwein wie Sauvignon Blanc oder Chardonnay
- 1 c. frische oder gefrorene aufgetaute Preiselbeeren

Richtungen

a) Wein und Preiselbeeren in einen Behälter mit dicht schließendem Deckel geben.

b) Abdecken und ein paar Mal schütteln. Bei Zimmertemperatur über Nacht stehen lassen. Vor Gebrauch abseihen; Preiselbeeren wegwerfen.

17. Mit Himbeerminze angereicherter Wein

Zutat

- 1 Tasse frische Himbeeren
- 1 kleiner Bund frische Minze
- 1 Flasche Weißwein trocken oder süß, je nach Vorliebe

Richtungen:

a) Geben Sie die Himbeeren und die Minze in ein quartgroßes Glas. Mit einem Löffel die Himbeeren leicht zerdrücken.

b) Gießen Sie die ganze Flasche Wein über die Himbeeren und die Minze, decken Sie sie dann mit einem Deckel ab und stellen Sie sie an einen ruhigen Ort in Ihrer Küche.

c) Den Aufguss 2-3 Tage ziehen lassen, dann Himbeeren und Minze durch ein feines Sieb abseihen und genießen!

18. Liebesgetränkter Wein

Zutat

- 1 Glasgefäß 1 Liter oder 1 Quart Größe
- 2 TL Zimtpulver oder 2 Zimtstangen
- 3 TL Ingwerwurzelpulver oder frische Ingwerwurzel, etwa 1 Zoll lang geschält
- Option 1 – 1 Zoll Stück Vanilleschote oder 1 TL Vanilleextrakt
- oder Option 2 – 2 Kardamomkapseln + 2 Sternanis
- 3 Tassen Rotwein oder eine 750-ml-Flasche

Richtungen:

a) Den Rotwein in das Glas geben

b) Fügen Sie die pflanzlichen Komponenten hinzu

c) Rühren Sie, um die Zutaten zu mischen.

d) Deckel auf das Glas legen. 3-5 Tage in einen kühlen, dunklen Schrank stellen.

e) Gut (oder 2x) in ein anderes Glas oder eine hübsche Glaskaraffe abseihen. Es ist fertig!!!

19. Äpfel in Rotwein

Zutat

- 1 Kilogramm Äpfel (2 1/4 lb.)

- 5 Deziliter Rotwein (1 Pint)

- 1 Stange Zimt

- 250 Gramm Zucker (9 Unzen)

Richtungen

a) Zehn Stunden im Voraus den Wein, den
    Zimt und den Zucker in einem breiten,
    flachen Topf bei starker Hitze 10
    Minuten kochen.

b) Die Äpfel schälen und mit einem
    Melonenausstecher von etwa 2,5 cm
    Durchmesser in kleine Kugeln schneiden.

c) Die Apfelbällchen in den heißen Wein
    werfen. Sie sollten sich nicht überlappen,
    deshalb brauchen Sie eine breite, flache
    Pfanne. Lassen Sie sie 5 bis 7 Minuten
    lang köcheln, bedeckt mit Aluminiumfolie,
    damit sie unter Wasser bleiben.

d) Wenn die Äpfel gar, aber noch fest sind,
    den Topf vom Herd nehmen. Die
    Apfelbällchen ca. 10 Stunden im Rotwein
    mazerieren lassen, damit sie eine schöne
    rote Farbe annehmen.

e) Servieren: Gut gekühlt, mit einer Kugel
    Vanilleeis oder in einer Auswahl an kalten
    Fruchtdesserts.

20. Wein aus Bajan-Pfeffer

Zutat

- 18 "Weinschoten" oder eine ähnliche Menge der kleinen roten Paprika

- Weißer Barbados-Rum

- Sherry

Richtungen

a) Stiele von den Paprikas entfernen und in eine Flasche geben, dann mit Rum bedecken und zwei Wochen ziehen lassen.

b) Abseihen und mit Sherry auf die erforderliche "Schärfe" verdünnen.

21. Orangener Dessertwein

Zutat

- 5 Orangen

- 2 Zitronen

- 5 Liter Wein, trocken weiß

- 2 Pfund Zucker

- 4 Tassen Brandy

- Je 1 Vanilleschote

- 1 Stück (1/2) Orangenschale, trocken

Richtungen

a) Die Schalen der Orangen und Zitronen abreiben und aufbewahren. Die Früchte vierteln und in eine Korbflasche oder einen anderen großen Behälter (Topf oder Glas) geben.

b) Den Wein angießen, dann die geriebene Haut, den Zucker, den Brandy, die Vanilleschote und ein Stück getrocknete Orangenschale hinzufügen.

c) Verschließen Sie das Glas und lagern Sie es 40 Tage lang an einem kühlen, dunklen

Ort. Durch Tuch und Flasche abseihen.
Gekühlt servieren.

22. Orange mit Rotweinsirup

Zutat

- 2 Tassen Vollmundiger Rotwein

- $\frac{1}{2}$ Tasse) Zucker

- 1 3-Zoll-Stück Zimtstange

- 2 mittelgroße Honigmelonen mit orangefarbenem Fruchtfleisch oder Cantaloupe-Melonen

Richtungen

a) Kombinieren Sie in einem mittelgroßen, nicht reaktiven Topf Wein, Zucker und Zimt. Bei starker Hitze zum Kochen bringen und ca. 12 Minuten kochen, bis es um die Hälfte reduziert ist.

b) Entfernen Sie den Zimt und lassen Sie den Sirup auf Raumtemperatur abkühlen

c) Die Melonen quer halbieren und die Kerne entfernen. Schneiden Sie von der Unterseite jeder Melonenhälfte eine dünne Scheibe ab, sodass sie aufrecht steht, und legen Sie jede Hälfte auf einen Teller.

d) Den Rotweinsirup in die Melonenhälften
gießen und mit großen Löffeln servieren.

23. Orangenwein

Zutat

- 3 Marineorangen; halbiert

- 1 Tasse Zucker

- 1 Liter Weißwein

- 2 mittelgroße Marineorangen

- 20 ganze Nelken

Richtungen

a) In einem Topf bei mittlerer Hitze die Orangenhälften in den Topf drücken, die gepressten Orangen und den Zucker hinzufügen. Zum Kochen bringen, Hitze reduzieren und 5 Minuten köcheln lassen. Vom Herd nehmen und vollständig abkühlen.

b) In ein $1\frac{1}{2}$-Liter-Glas abseihen und die Orangen mit der Rückseite eines Löffels drücken, um den gesamten Saft freizusetzen. Den Wein einrühren. Nelken in die ganzen Orangen stecken. Die Orangen halbieren und in das Glas geben.

c) Den Deckel fest verschließen und mindestens 24 Stunden und bis zu 1 Monat ruhen lassen.

24. Ingwerwein

Zutat

- $\frac{1}{4}$ Pfund Ingwer
- 4 Pfund DC-Zucker
- 1 Gallone Wasser
- 2 Teelöffel Hefe
- $\frac{1}{2}$ Pfund Trockenfrüchte
- $\frac{1}{2}$ Unze Keule

Richtungen

a) Ingwer zerdrücken und in ein Glas geben. Alle anderen Zutaten hinzufügen und 21 Tage ziehen lassen.

b) Abseihen und abfüllen.

25. Glühwein

Zutat

- 1 Flasche Rotwein
- 2 Orangen
- 3 Zimtstangen
- 5 Sternanis
- 10 ganze Nelken
- 3/4 Tasse brauner Zucker

Richtungen:

a) Alle Zutaten außer den Orangen in einen mittelgroßen Topf geben.

b) Mit einem scharfen Messer oder Sparschäler die Hälfte einer Orange schälen. Vermeiden Sie möglichst viel Mark (weißer Teil) zu schälen, da es einen bitteren Geschmack hat.

c) Die Orangen auspressen und zusammen mit der Orangenschale in den Topf geben.

d) Bei mittlerer Hitze die Mischung erwärmen, bis sie gerade noch dampft. Reduziere die Hitze auf ein schwaches Köcheln. 30 Minuten erhitzen, damit die Gewürze ziehen können.

e) Den Wein abseihen und in
    hitzebeständige Tassen servieren.

26. Weinkühler

Zutat

- 1 Portion

- $\frac{3}{4}$ Tasse Limonade

- $\frac{1}{4}$ Tasse trockener Rotwein

- Zweig Minze

- Maraschino-Kirsche

Richtungen

a) Dies ergibt ein ebenso farbenfrohes wie erfrischendes Getränk, wenn die Flüssigkeiten nicht miteinander vermischt werden. Gießen Sie die Limonade über zerstoßenes Eis und fügen Sie dann den Rotwein hinzu.

b) Mit einem Zweig Minze und einer Kirsche garnieren. Gut für heiße Tage.

27. Wein Eierlikör

Ausbeute: 20 Portionen

Zutat

- 4 Eiweiß

- 1 Fünfter trockener Weißwein

- $\frac{1}{2}$ Tasse frischer Zitronensaft

- 1 Esslöffel Zitronenschale; gerieben

- 1 Tasse Honig

- 6 Tassen Milch

- 1 Liter halb und halb

- 1 Muskatnuss; frisch gerieben

Richtungen

a) Eiweiß steif schlagen und beiseite stellen.
   Kombinieren Sie Wein, Zitronensaft,
   Schale und Honig in einem großen Topf.
   Unter Rühren erhitzen, bis es warm ist,
   dann langsam Milch und Sahne
   hinzufügen.

b) Weiter erhitzen und rühren, bis die Mischung schaumig ist; von der Hitze nehmen. Eiweiß unterheben und in Tassen mit einer Prise Muskat darüber servieren.

28. Weinkühler Pfirsich

Zutat

- 16 Unzen ungesüßte Pfirsiche; aufgetaut

- 1 Liter Pfirsichsaft

- 750 Milliliter trockener Weißwein; = 1 Flasche

- 12 Unzen Aprikosennektar

- 1 Tasse Zucker

Richtungen

a) Pfirsiche in einem Mixer oder einer Küchenmaschine pürieren. Kombinieren Sie in einem Behälter Pfirsiche und restliche Zutaten.

b) Abdecken und 8 Stunden oder über Nacht kalt stellen, damit sich die Aromen vermischen können. Im Kühlschrank aufbewahren. Gekühlt servieren.

29. Mit Grünem Tee angereicherter Wein

Zutat:

- 8 gehäufte Teelöffel loser grüner Tee
- 1 Flasche (750 ml) Sauvignon Blanc
- Einfacher Sirup - Optional
- Sodawasser oder Limonade – Optional

Richtungen:

a) Die Teeblätter direkt in die Weinflasche aufgießen, am einfachsten geht das mit einem kleinen Trichter, damit die Blätter nicht überall hinlaufen.

b) Setzen Sie den Korken wieder ein oder verwenden Sie einen Flaschenverschluss und stellen Sie ihn dann über Nacht oder mindestens 8 Stunden in den Kühlschrank.

c) Wenn Sie bereit sind, den Wein zu trinken, sieben Sie die Blätter mit einem Sieb ab und füllen Sie sie erneut ab.

d) Fügen Sie einfachen Sirup und Soda oder Limonade nach Geschmack hinzu - optional.

30. Erfrischender Wein-Daiquiri

Zutat

- 1 Dose (6-oz) gefrorene Limonade

- 1 Packung (10 Unzen) gefrorene
  Erdbeeren; leicht aufgetaut

- 12 Unzen Weißwein

- Eiswürfel

Richtungen

a) Limonade, Erdbeeren und Wein in den
   Mixer geben.

b) Leicht pürieren. Eiswürfel hinzugeben
   und weiter bis zur gewünschten
   Konsistenz mixen.

31. Melonen- und Erdbeercocktail

Zutat

- 1 Charentals-Oregon-Melone

- 250 Gramm Erdbeeren; gewaschen

- 2 Teelöffel Streuzucker

- 425 Milliliter Trockener Weißwein oder Sekt

- 2 Zweige Minze

- 1 Teelöffel schwarzer Pfeffer; zerquetscht

- Orangensaft

Richtungen

a) Die Melone in Stücke schneiden und Kerne entfernen. Erdbeeren halbieren und in eine Schüssel geben.

b) Melonenkugeln mit einem Ausstecher entfernen und in die Schüssel geben. Puderzucker, gehackte Minze und schwarzen Pfeffer darüber streuen.

c) Mit Orangensaft und Wein aufgießen. Vorsichtig verrühren und 30 Minuten bis 1 Stunde kühl stellen.

d) Zum Präsentieren den Cocktail in die Melonenschalen oder in ein Präsentationsglas geben.

32. Juwelenbesetzter Weinschimmer

Zutat

- 1 großer Zitronen-Jello

- 1 Tasse Wasser, kochend

- 1 Tasse Wasser, kalt

- 2 Tassen Roséwein

- $\frac{1}{2}$ Tasse kernlose grüne Trauben

- $\frac{1}{2}$ Tasse frische Heidelbeeren

- 11 Unzen Mandarinensegmente, abgetropft

- Salatblätter

Richtungen

a) In einer großen Schüssel Wackelpudding in kochendem Wasser auflösen; kaltes Wasser und Wein einrühren. Kühlen, bis es eingedickt, aber nicht fest ist, etwa 1-$\frac{1}{2}$ Stunden. Weintrauben, Heidelbeeren und Mandarinenstücke unterheben.

b) In einzelne Formen oder eine geölte 6-Tassen-Form gießen. Kühlen Sie ungefähr 4 Stunden oder bis fest. Zum Servieren

auf mit Salat ausgelegten Serviertellern
aus der Form lösen.

33. Rosmarinwein und schwarzer Tee

Zutat

- 1 Flasche Weinrot; ODER... andere vollmundige Rotweine

- 1 Quart Schwarzer Tee bevorzugt. Assam oder Darjeeling

- $\frac{1}{4}$ Tasse Milder Honig

- ⅓eine Tasse Zucker; oder nach Geschmack

- 2 Orangen in dünne Scheiben geschnitten und entkernt

- 2 Zimtstangen (3 Zoll)

- 6 ganze Nelken

- 3 Rosmarinzweige

Richtungen

a) Gießen Sie Wein und Tee in einen nicht korrodierenden Topf. Honig, Zucker, Orangen, Gewürze und Rosmarin hinzufügen. Bei schwacher Hitze

erhitzen, bis es kaum noch dampft.
Rühren, bis sich der Honig aufgelöst hat.

b) Die Pfanne vom Herd nehmen, abdecken
und mindestens 30 Minuten stehen
lassen. Wenn Sie servierbereit sind,
erhitzen Sie es erneut, bis es gerade
noch dampft, und servieren Sie es heiß

34. Earl Grey Teeschorle

Zutat

- 2 Teebeutel gealterter Earl Grey
- 1 Körbchen Blaubeeren
- Ein paar Zweige frische Minze
- $\frac{1}{2}$ Tasse Agavendicksaft
- 1 Flasche Sekt Weißwein
- 1 Schale Eiswürfel

Richtungen

a) Bringen Sie zwei Tassen Wasser zum Kochen und fügen Sie die Teebeutel hinzu. Lassen Sie sie 10 Minuten ziehen und fügen Sie den Agavensirup der Mischung hinzu.

b) Rühren Sie eine Schale mit Eiswürfeln in die Mischung und stellen Sie sie in den Kühlschrank, bis sie abgekühlt ist.

c) Nach dem Abkühlen Minze und Heidelbeeren nach Geschmack sowie Sekt hinzufügen und in einem Krug verrühren.

d) Genießen!

35. Mit Wein angereicherte heiße Schokolade

Zutat

- $\frac{1}{2}$ Tasse Vollmilch
- $\frac{1}{2}$ Tasse halb und halb – durch gleiche Teile Vollmilch und leicht eingedickte Sahne ersetzen, falls nicht verfügbar
- $\frac{1}{4}$ Tasse/45 g dunkle Schokoladenstückchen
- $\frac{1}{2}$ Tasse trockener Rotwein – am besten Shiraz
- Ein paar Tropfen Vanilleextrakt
- 1 Esslöffel/15 ml Zucker
- Winzige Prise Salz

Richtungen:

a) Kombinieren Sie Vollmilch, Hälfte und Hälfte, dunkle Schokoladenstücke/Chips, Vanilleextrakt und Salz in einem Topf bei schwacher Hitze.

b) Ständig umrühren, damit die Schokolade am Boden nicht anbrennt, bis sie vollständig aufgelöst ist. Sobald es schön heiß ist, nehmen Sie es vom Herd und gießen Sie den Vino hinein. Gut mischen.

c) Probieren Sie die heiße Schokolade und passen Sie die Süße mit Zucker an. In eine heiße Schokoladentasse gießen und sofort servieren.

36. Cranberry-Weinpunsch

Zutat

- 1½ Liter Cranberry-Saft-Cocktail; gekühlt

- 4 Tassen Burgunder oder anderer trockener Rotwein; gekühlt

- 2 Tassen ungesüßter Orangensaft; gekühlt

- Orangenscheiben; (Optional)

Richtungen

a) Kombinieren Sie die ersten 3 Zutaten in einer großen Schüssel; gut umrühren.

b) Nach Belieben mit Orangenscheiben garnieren.

WEIN-INFUSIERTE LEBENSMITTEL

37. Obst- und Weinkompott

Zutat

- 4 kleine Birnen

- 1 Orange

- 12 Feuchte Pflaumen

- A 2,5 cm; (1 Zoll) Stock; Zimt

- 2 Koriandersamen

- 1 Nelke

- $\frac{1}{4}$ Lorbeerblatt; (Optional)

- $\frac{1}{3}$ Vanilleschote

- 4 Esslöffel Puderzucker

- $1\frac{1}{2}$ Tasse Guter Rotwein

Richtungen

a) Birnen schälen, Orange waschen und in $\frac{1}{2}$ cm ($\frac{1}{4}$ in) Scheiben schneiden.

b) Legen Sie die Birnen vorsichtig mit dem Stiel nach oben in den Topf. Legen Sie die Pflaumen zwischen die Birnen und fügen Sie Zimt, Koriandersamen, Nelke, Lorbeerblatt, Vanille und Puderzucker hinzu.

c) Mit Orangenscheiben belegen und Wein hinzufügen. Gegebenenfalls Wasser hinzufügen, sodass gerade genug Flüssigkeit vorhanden ist, um die Früchte zu bedecken.

d) Zum Kochen bringen, auf kleiner Stufe köcheln lassen und die Birnen 25 bis 30 Minuten lang pochieren, bis sie weich sind. Obst in Flüssigkeit abkühlen lassen.

e) Gewürze entfernen und Obst und Flüssigkeit auf einer attraktiven Servierplatte servieren.

38. Schokoladentrüffel

Zutat

- 1 10-Unzen-Beutel halbsüße Schokoladenstückchen
- 1/2 Tasse schwere Schlagsahne
- 1 Esslöffel ungesalzene Butter
- 2 EL Rotwein
- 1 Teelöffel Vanilleextrakt
- Toppings: gemahlene geräucherte Mandeln, Kakaopulver, geschmolzene Schokolade und Meersalz

Richtungen:

a) Hacken Sie die Schokolade: Egal, ob Sie einen Block Schokolade oder Schokoladenstückchen verwenden, Sie sollten sie zerkleinern, damit sie leichter schmelzen.

b) Die gehackte Schokolade in eine große Edelstahl- oder Glasschüssel geben.

c) Sahne und Butter erhitzen: Sahne und Butter in einem kleinen Topf bei mittlerer Hitze erhitzen, bis es anfängt zu kochen.

d) Sahne mit Schokolade kombinieren: Sobald die Flüssigkeit zu kochen beginnt, sofort in die Schüssel über die Schokolade gießen.

e) Fügen Sie zusätzliche Flüssigkeiten hinzu: Fügen Sie die Vanille und den Wein hinzu und schlagen Sie alles glatt.

f) Im Kühlschrank aufbewahren/kühlen: Die Schüssel mit Plastikfolie abdecken und etwa eine Stunde in den Kühlschrank stellen (oder 30 Minuten bis 1 Stunde in den Gefrierschrank), bis die Mischung fest ist.

g) Rollen Sie Trüffel: Wenn die Trüffel abgekühlt sind, schöpfen Sie sie mit einem Melonenausstecher aus und rollen Sie sie mit Ihren Händen. Das wird chaotisch!

h) Anschließend mit den gewünschten Toppings bestreichen. Ich liebe zerkleinerte geräucherte Mandeln, Kakaopulver und geschmolzene temperierte Schokolade mit Meersalz.

39. Eis mit Erdbeeren

Zutat

- 2 Liter Erdbeeren

- $\frac{1}{4}$ Tasse Zucker

- $\frac{1}{3}$ Tasse Trockener Rotwein

- 1 ganze Zimtstange

- $\frac{1}{8}$ Teelöffel Pfeffer, frisch gemahlen

- 1 Pint Vanilleeis

- 4 Zweige frische Minze zum Garnieren

Richtungen

a) Wenn Erdbeeren klein sind, halbieren; wenn groß, in Viertel schneiden.

b) Kombinieren Sie Zucker, Rotwein und Zimtstange in einer großen Pfanne; bei mittlerer Hitze kochen, bis sich der Zucker auflöst, etwa 3 Minuten. Erdbeeren und Pfeffer hinzufügen; 4 bis 5 Minuten kochen, bis die Beeren weich werden.

c) Vom Herd nehmen, Zimtstange wegwerfen und Beeren und Soße auf die

Gerichte verteilen; Auf Wunsch mit Vanilleeis und einem Zweig Minze servieren.

40. Melonenmousse in Muskatwein

Zutat

- 11 Unzen Melonenfleisch

- $\frac{1}{2}$ Tasse süßer Muskatwein

- $\frac{1}{2}$ Tasse) Zucker

- 1 Tasse Sahne

- $\frac{1}{2}$ Tasse) Zucker

- $\frac{1}{2}$ Tasse Wasser

- Verschiedene Früchte

- $1\frac{1}{2}$ Esslöffel Gelatine

- 2 Eiweiß

- 2 Tassen süßer Muskatwein

- 1 Zimtstange

- 1 Vanilleschote

Richtungen

a) Das Melonenfleisch in einem Mixer zu einem glatten Püree verarbeiten.

b) Die Gelatine und $\frac{1}{2}$ Tasse Muskatwein in einen kleinen Topf geben und zum Kochen bringen, dabei gut mischen, um sicherzustellen, dass sich die Gelatine vollständig aufgelöst hat. Die Gelatinemischung zu der pürierten Melone geben und gut verrühren. Über eine Schüssel voller Eiswürfel stellen.

c) In der Zwischenzeit das Eiweiß steif schlagen und dabei nach und nach den Zucker hinzufügen, bis es dickflüssig ist. Mousse in eine Schüssel umfüllen.

d) Für die Sauce Zucker und Wasser in eine mittelgroße Pfanne geben, zum Kochen bringen und bei schwacher Hitze kochen, bis sie eindickt und goldbraun wird. Fügen Sie 2 Tassen Muskatwein, Zimtstange, Vanilleschote und einen Streifen Orangenschale hinzu. Kochen.

41. Israelischer Wein und Nusskuchen

Zutat

- 8 Eier

- $1\frac{1}{2}$ Tasse Kristallzucker

- $\frac{1}{2}$ Teelöffel Salz

- $\frac{1}{4}$ Tasse Orangensaft

- 1 Esslöffel Orangenschale

- $\frac{1}{4}$ Tasse Rotwein

- $1\frac{1}{4}$ Tasse Matzenkuchenmahlzeit

- 2 Esslöffel Kartoffelstärke

- $\frac{1}{2}$ Teelöffel Zimt

- $\frac{1}{3}$ Tasse Mandeln; sehr fein gehackt

Richtungen

a) Schlagen Sie nach und nach $1\frac{1}{4}$ Tassen
    Zucker und Salz in die Eigelbmischung,
    bis sie sehr dick und hell ist.
    Orangensaft, Schale und Wein
    hinzufügen; Schlagen Sie mit hoher
    Geschwindigkeit, bis sie dick und leicht
    sind, etwa 3 Minuten.

b) Mehl, Kartoffelstärke und Zimt zusammensieben; nach und nach unter die Orangenmischung heben, bis sie glatt vermischt sind. Eiweiß auf höchster Stufe schlagen, bis das Eiweiß Spitzen bildet, aber nicht trocken ist.

c) Baiser leicht unter die Mischung heben. Nüsse vorsichtig unter den Teig heben.

d) In eine ungefettete 10-Zoll-Röhrenpfanne verwandeln, deren Boden mit Wachspapier ausgekleidet ist.

e) Backen Sie bei 325 Grad.

42. Weinkekse

Ausbeute: 12 Portionen

Zutat

- $1\frac{1}{4}$ Tasse Mehl

- 1 Prise Salz

- 3 Unzen Backfett; (Oleo)

- 2 Unzen Zucker

- 1 Ei

- $\frac{1}{4}$ Tasse Sherry

Richtungen

a) Bereiten Sie es wie normale Kekse vor, d. h.: Kombinieren Sie die trockenen Zutaten und schneiden Sie das Oleo hinein. Ei und Sherry verrühren und zu einem weichen Teig verrühren.

b) Auf einer bemehlten Fläche ausklopfen. Mit Ausstecher ausstechen, auf Backbleche legen und mit etwas Zucker oder Mehl bestreuen. Backen Sie 350, 8 bis 10 Minuten.

43. Stachelbeerweinfondue

Zutat

- 1½ Pfund Stachelbeeren; gekrönt und geschwänzt

- 4 Unzen Caster (granulierter) Zucker

- ⅔ Tasse Trockener Weißwein

- 2 Teelöffel Maismehl (Maisstärke)

- 2 Esslöffel Single (leichte) Sahne

- Brandy schnappt

Richtungen

a) Ein paar Stachelbeeren für die Dekoration zurückbehalten, dann den Rest durch ein Sieb passieren, um ein Püree zu machen.

b) Maismehl in einem Fonduetopf glatt mit Sahne verrühren. Stachelbeerpüree einrühren, dann unter häufigem Rühren glatt und dickflüssig erhitzen.

c) Mit reservierten Stachelbeeren
dekorieren und mit Brandy Snaps
servieren.

44. Kuchen und Weinpudding

Zutat

- Makronen

- 1 Pint Wein

- 3 Eigelb

- 3 Eiweiß

- Biskuitkuchen

- Frauenfinger

- 1 Teelöffel Maisstärke

- 3 Teelöffel Zucker

- $\frac{1}{2}$ Tasse Nüsse, gehackt

Richtungen

a) Biskuitstücke, Löffelbiskuits oder ähnliches in eine Tonform geben (ca. $\frac{1}{2}$ voll füllen). Fügen Sie ein paar Makronen hinzu. Den Wein erhitzen. Maisstärke und Zucker mischen und langsam den Wein hinzugeben.

b) Das Eigelb schlagen und zur Weinmischung geben. Etwa 2 Minuten kochen. Über den Kuchen gießen und abkühlen lassen. Nach dem Abkühlen mit dem steif geschlagenen Eiweiß bedecken und mit den gehackten Nusskernen bestreuen.

c) Bei 325-F für ein paar Minuten backen, um zu bräunen. Kalt servieren

45. Rotwein und Heidelbeer-Granita

Zutat

- 4 Tassen frische Heidelbeeren

- 2 Tassen Zuckersirup

- 2 Tassen Burgunder oder trockener Rotwein

- $4\frac{1}{2}$ Tasse Zucker

- 4 Tassen Wasser

Richtungen

a) Blaubeeren in einen großen Topf mit Sieb abseihen, Feststoffe wegwerfen. Sirup und Wein zugeben, Mischung zum Kochen bringen, Hitze reduzieren, dann ohne Deckel 3-4 Minuten köcheln lassen. Gießen Sie die Mischung in eine quadratische 8-Zoll-Schale, decken Sie sie ab und frieren Sie sie mindestens 8 Stunden ein oder bis sie fest ist.

b) Nehmen Sie die Mischung aus dem Gefrierschrank und kratzen Sie die gesamte Mischung mit den Zinken einer

Gabel, bis sie locker ist. Löffel in einen Behälter; abdecken und bis zu einem Monat einfrieren.

c) Einfacher Zuckersirup: In einen Topf geben und gut umrühren. Zum Kochen bringen, kochen, bis sich der Zucker auflöst.

46. Coupé aus Melone und Heidelbeere

Zutat

- 1½ Tasse trockener Weißwein

- ½ Tasse) Zucker

- 1 Vanilleschote; längs aufteilen

- 2⅓ Tasse Cantaloupe-Würfel; (etwa 1/2 Melone)

- 2⅓ Tasse Honigtauwürfel

- 2⅓ Tasse Wassermelonenwürfel

- 3 Tassen frische Heidelbeeren

- ½ Tasse Gehackte frische Minze

Richtungen

a) Kombinieren Sie ½ Tasse Wein und Zucker in einem kleinen Topf. Samen von der Vanilleschote einkratzen; Bohne hinzufügen. Bei schwacher Hitze rühren, bis sich der Zucker auflöst und der Sirup heiß ist, etwa 2 Minuten. Vom Herd nehmen und 30 Minuten ziehen lassen. Vanilleschote aus Sirup entfernen.

b) Kombinieren Sie alle Früchte in einer großen Schüssel. Fügen Sie Minze und verbleibende 1 Tasse Wein zum Zuckersirup hinzu. Über das Obst gießen. Abdecken und mindestens 2 Stunden kühl stellen.

c) Obst und etwas Sirup in große Kelche mit Stiel geben.

47. Limettenkuchen mit Weincreme

Zutat

- $1\frac{1}{4}$ Tasse gekühlte Schlagsahne

- 6 Esslöffel Zucker

- 2 Esslöffel süßer Dessertwein

- $1\frac{1}{2}$ Esslöffel frischer Zitronensaft

- 1 Esslöffel fein gehackte Walnüsse

- $\frac{1}{4}$ Tasse Zucker

- $\frac{1}{2}$ Teelöffel Salz

- $\frac{3}{4}$ Tasse gekühlte ungesalzene Butter

- 2 große Eigelb und 4 große Eier

- $\frac{1}{2}$ Tasse frischer Limettensaft und 1 Esslöffel geriebene Limettenschale

Richtungen

a) Sahne, Zucker, Wein und Zitronensaft in der Rührschüssel mischen und schlagen, bis sich weiche Spitzen bilden. Nüsse vorsichtig unterheben.

b) Mehl, Zucker und Salz in der Küchenmaschine mischen. Butter hinzufügen; Mit Ein-/Aus-Drehungen einschneiden, bis die Mischung grobem Mehl ähnelt. Eigelb und Wasser in einer Schüssel verquirlen. Zum Prozessor hinzufügen; Mixen Sie mit Ein-/Ausschaltern, bis sich feuchte Klumpen bilden. 20 Minuten backen.

c) Eier und Zucker in einer Schüssel schaumig schlagen, bis sie hell und cremig sind. Mehl in die Eimischung sieben; Schneebesen zu kombinieren. Buttermilch hinzufügen. Butter mit Limettensaft schmelzen und unter die Eiermasse rühren. Füllung in die Kruste gießen.

48. Matzen-Wein-Brötchen

Zutat

- 8 Quadrate Matze

- 1 Tasse Süßer Rotwein

- 8 Unzen halbsüße Schokolade

- $\frac{1}{2}$ Tasse Milch

- 2 Esslöffel Kakao

- 1 Tasse Zucker

- 3 Esslöffel Weinbrand

- 1 Teelöffel Instant-Kaffeepulver

- 2 Stangen Margarine

Richtungen

a) Matze zerkrümeln und in Wein einweichen. Schokolade mit Milch, Kakaopulver, Zucker, Weinbrand und Kaffee bei sehr schwacher Hitze schmelzen.

b) Vom Herd nehmen und die Margarine hinzufügen. Rühren, bis es geschmolzen ist.

c) Fügen Sie die Matze der Schokoladenmischung hinzu. Teilen Sie die Mischung in zwei Hälften. Jede Hälfte zu einer langen Rolle formen und fest in Alufolie wickeln. Über Nacht kalt stellen, Alufolie entfernen und in Scheiben schneiden.

d) In vier Pappbecher geben und servieren.

49. Mustokouloura

Zutat

- $3\frac{1}{2}$ Tasse Allzweckmehl plus extra zum Kneten

- 2 Teelöffel Backpulver

- 1 Esslöffel frisch gemahlener Zimt

- 1 Esslöffel frisch gemahlene Nelken

- $\frac{1}{4}$ Tasse mildes Olivenöl

- 2 Esslöffel Honig

- $\frac{1}{2}$ Tasse griechischer Wein muss Sirup sein

- $\frac{1}{2}$ Orange

- 1 Tasse Orangensaft

Richtungen

a) Mehl, Natron, Zimt und Nelken in eine große Schüssel sieben und in der Mitte eine Mulde formen.

b) In einer kleineren Schüssel das Olivenöl mit Honig, Petimezi, geriebener

144

Orangenschale und $\frac{1}{2}$ Orangensaft
verquirlen und in die Vertiefung gießen.
Zusammen zu einem Teig verkneten.

c) Auf eine bemehlte Arbeitsfläche geben
    und etwa 10 Minuten kneten, bis der Teig
    glatt, aber nicht steif ist.

d) Brechen Sie Teigstücke ab, jeweils etwa
    2 Esslöffel, und rollen Sie sie zu
    Schlangen mit einem Durchmesser von
    etwa $\frac{1}{2}$ Zoll.

e) In einem auf 375 F vorgeheizten Ofen
    10-15 Minuten backen, bis sie braun und
    knusprig, aber nicht zu hart sind.

50. Orangen-Wein-Waffeln

Zutat

- 2½ Esslöffel Orangenschale

- 2 Tassen Gebäck oder Allzweckmehl

- ½ Teelöffel Salz

- 1 Teelöffel Backpulver

- 2 Esslöffel (1/4 Stick) Butter oder

- Margarine, aufgeweicht

- ½ Tasse Weißwein

Richtungen

a) Heizen Sie den Ofen auf 350 ° F vor.

b) Für die Schale die äußere Schale der Orangen gegen den feinen Rost einer Käsereibe leicht reiben.

c) In einer großen Schüssel Mehl, Orangenschale, Salz und Backpulver mischen. Die Butter einschneiden und den Wein langsam zugeben.

d) Auf einer bemehlten Fläche das linke Drittel des Teigs über das mittlere

Drittel klappen. Falten Sie ebenso das rechte Drittel über die Mitte.

e) Rollen Sie den Teig dieses Mal etwas dünner aus, etwa $\frac{1}{8}$ Zoll dick.

f) Mit einem scharfen Messer in 2 cm große Quadrate schneiden.

g) Stechen Sie jeden Cracker mit den Zinken einer Gabel 2 oder 3 Mal ganz durch. 15 bis 20 Minuten backen, bis sie leicht gebräunt sind.

51. Orangen Mandelkuchen

Zutat

- ½ Tasse ungesalzene Butter - (1 Stick); erweicht

- 1 Tasse Kristallzucker

- 2 Eier

- 2 Teelöffel Vanille

- ½ Teelöffel Mandelextrakt

- ¼ Tasse gemahlene, nicht blanchierte Mandeln

- 2 Teelöffel geriebene Orangenschale

- 1½ Tasse Allzweckmehl; Plus

- 2 Esslöffel Allzweckmehl

- 2 Teelöffel Backpulver

- 1 Teelöffel Salz

- 1 Tasse saure Sahne

- 1 Pint Himbeeren oder Erdbeeren

- ½ Tasse Sekt

Richtungen

a) Butter und Zucker schaumig schlagen.

b) Eier, Vanille, Mandelextrakt, Mandeln
    und Orangenschale hinzufügen; schlagen
    auf niedrig, bis kombiniert. Mehl,
    Backpulver und Salz zusammen sieben;
    abwechselnd zur Buttermischung mit
    Sauerrahm geben.

c) Teig in die Pfanne gießen; klopfen Sie
    leicht, um es auszugleichen. Etwa 20
    Minuten backen.

d) 10 Minuten abkühlen lassen; aus der
    Kuchenform nehmen oder den Rand der
    Springform entfernen. Beeren mit
    Zucker bestreuen, dann mit genügend
    Sekt schwenken, um sie gründlich zu
    befeuchten.

e) Kuchen auf Tellern anrichten, mit Beeren
    und Saft umgeben.

52. Pflaumenkuchen mit Crème Fraiche

Zutat

- 10 Zoll süße Gebäckschale; bis 11

- 550 Gramm Pflaumen; gewaschen

- 2 Esslöffel Streuzucker

- 125 Milliliter Portwein

- 1 Vanilleschote in der Mitte aufschneiden

- $\frac{1}{2}$ Liter Sahne

- 1 Unze Mehl

- 2 Unzen Zucker

- 2 Eigelb

- 2 Blattgelatine; eingeweicht

Richtungen

a) Die Pflaumen entsteinen und vierteln. Backen Sie die süße Gebäckhülle blind und kühl.

b) Machen Sie den Crème Pat, indem Sie Ei und Zucker in einer Schüssel über heißem Wasser mischen. Fügen Sie einen

Esslöffel Sahne hinzu und fügen Sie
nach und nach das Mehl hinzu. Fügen Sie
mehr Sahne hinzu und geben Sie sie in
eine saubere Pfanne und erwärmen Sie
sie erneut.

c) Legen Sie eine gute Schicht Cremepat
auf den Boden der Gebäckform und
glätten Sie sie mit einem Palettenmesser
oder einem Plastikschaber.

d) Die Pflaumen auf dem Teig anrichten und
im Ofen 30-40 Minuten backen.

e) Zucker im Portwein aufkochen und
Vanilleschote zugeben, Flüssigkeit etwas
reduzieren. Die Blattgelatine zugeben
und etwas abkühlen. Die Tarte
herausnehmen und abkühlen lassen, über
die Portglasur gießen und im Kühlschrank
fest werden lassen. Aufschneiden und
mit Crème Fraiche servieren.

53. Rotwein-Brownies

Zutat

- $\frac{3}{4}$ Tasse (177 ml) Rotwein
- $\frac{1}{2}$ Tasse (60 g) getrocknete Preiselbeeren
- 1 $\frac{1}{4}$ (156 g) Tassen Allzweckmehl
- $\frac{1}{2}$ Teelöffel Meersalz
- $\frac{1}{2}$ Tasse (115 g) gesalzene Butter, plus Extra zum Einfetten
- 6 Unzen. (180 g) dunkle oder halbsüße Schokolade
- 3 große Eier
- 1 $\frac{1}{4}$ Tassen (250 g) Zucker
- $\frac{1}{2}$ Tasse (41 g) ungesüßtes Kakaopulver
- $\frac{1}{2}$ Tasse (63 g) gehackte Walnüsse (optional)

Richtungen:

a) In einer kleinen Schüssel den Rotwein und die Preiselbeeren vermischen und 30 Minuten bis eine Stunde ruhen lassen oder bis die Preiselbeeren prall aussehen. Sie können den Wein und die Preiselbeeren vorsichtig auf dem Herd oder in der Mikrowelle erhitzen, um den Vorgang zu beschleunigen.

b) Backofen auf 350 Grad F vorheizen und
    eine 8 x 8-Zoll-Pfanne einfetten und
    bemehlen.

c) Mehl und Meersalz in einer Schüssel
    mischen und beiseite stellen.

d) Butter und Schokolade in einer Schüssel
    über kochendem Wasser erhitzen, bis
    sie gerade geschmolzen und miteinander
    vermischt sind.

e) Die Schüssel vom Herd nehmen und die
    Eier einzeln unterschlagen. (Wenn die
    Schüssel sehr heiß erscheint, sollten Sie
    sie etwa 5 Minuten lang abkühlen lassen,
    bevor Sie die Eier hinzufügen).

54. Vanille-Panna-Cotta

Zutat

- Sahne - 2 Tassen
- Zucker, plus 3 Esslöffel - 1/4 Tasse
- Vanilleschoten – beide halbiert, Samen von einer abgekratzt – 1
- Vanillepaste - 1/2 TL
- Öl - 1 Esslöffel
- Pulvergelatine gemischt mit 90 ml kaltem Wasser - 2 TL
- Körbchen Erdbeeren - 125 g
- Rotwein - 1/2 Tasse

Richtungen:

a) Die Sahne und 1/2 Tasse Zucker in einem Topf vorsichtig erhitzen, bis sich der gesamte Zucker aufgelöst hat. Vom Herd nehmen und den Vanilleextrakt und 1 Vanilleschote zusammen mit den abgekratzten Samen unterrühren.

b) Die Gelatine in einer großen Schüssel über das kalte Wasser streuen und vorsichtig verrühren.

c) Die erwärmte Sahne über die Gelatine gießen und gut verrühren, bis sich die

Gelatine aufgelöst hat. Die Mischung durch ein Sieb passieren.

d) Die Mischung auf die gefetteten Schalen verteilen und bis zum Festwerden im Kühlschrank aufbewahren. Dies dauert in der Regel bis zu 3 Stunden.

e) In einem Topf den Rotwein, 6 EL Zucker und die restliche Vanilleschote bis zum Kochen erhitzen.

f) Die Erdbeeren waschen, schälen und in Scheiben schneiden und zum Sirup geben, dann die gelöste Panna Cotta darüber geben.

55. Weintorte

Zutat

- 140 Gramm einfaches Mehl (5 Unzen)

- 1 Teelöffel Backpulver

- 60 Gramm ungesalzene Butter (2 1/4 oz.)

- 1 Prise Salz

- 120 Gramm Streuzucker (4 Unzen)

- 1 Teelöffel gemahlener Zimt

- 10 Gramm einfaches Mehl (1/4 oz.)

- ½ Teelöffel Zucker

- 3 Esslöffel Milch

- 100 Milliliter Guter trockener Weißwein

- 15 Gramm Butter (ca. 1/2 oz.)

Richtungen

a) Teig: Mehl, Backpulver und weiche
   Butter in eine große Schüssel geben.
   Salz und Zucker hinzufügen. Fügen Sie
   die Milch hinzu.

b) Den Teig auf den Boden der Form streichen.

c) Zucker, Zimt und Mehl mischen. Streuen Sie diese Mischung über den Boden der Torte. Den Wein über die Zuckermischung gießen und mit den Fingerspitzen verrühren.

d) Die Tarte auf der Unterseite des vorgeheizten Ofens 15 ... 20 Minuten garen.

e) Lassen Sie die Tarte abkühlen, bevor Sie sie aus der Form nehmen.

56. Zabaione

Zutat

- 6 Eigelb

- $\frac{1}{2}$ Tasse) Zucker

- ⅓ Tasse Mittlerer Weißwein

a) Eigelb mit dem elektrischen Mixer oben im Wasserbad schaumig schlagen. Zucker nach und nach unterschlagen. Gießen Sie gerade so viel heißes Wasser in den Boden des Wasserbads, dass der obere Teil kein Wasser berührt.

b) Eigelb bei mittlerer Hitze kochen; Wein langsam einrühren und mit hoher Geschwindigkeit schlagen, bis er glatt, blass und dick genug ist, um in weichen Hügeln zu stehen.

c) Sofort in Gläsern mit flachem Stiel servieren.

57. Winterfrüchte in Rotwein

Zutat

- 1 Zitrone

- 500 Milliliter Rotwein

- 450 Gramm Streuzucker

- 1 Vanilleschote; halbiert

- 3 Lorbeerblätter

- 1 Zimtstange

- 12 schwarze Pfefferkörner

- 4 kleine Birnen

- 12 Pflaumen ohne Einweichen

- 12 Aprikosen ohne Einweichen

Richtungen

a) Einen Streifen Zitronenschale abschälen
   und die Zitrone halbieren.
   Zitronenschale, Zucker, Wein,
   Vanilleschote, Lorbeerblätter und
   Gewürze in einen großen, nicht reaktiven
   Topf geben und unter Rühren aufkochen.

b) Die Birnen schälen und mit der Schnittfläche der Zitrone abreiben, um Verfärbungen zu vermeiden. Den Rotweinsirup wieder aufkochen, leicht köcheln lassen und die Birnen hinzugeben.

c) Pflaumen und Aprikosen zu den Birnen geben. Setzen Sie den Deckel wieder auf und lassen Sie ihn vollständig abkühlen, bevor Sie ihn über Nacht in den Kühlschrank stellen.

58. Zitronenteekuchen

Zutat

- ½ Tasse trockener Rotwein

- 3 Esslöffel frischer Zitronensaft

- 1½ Esslöffel Maisstärke

- 1 Tasse frische Heidelbeeren

- Prise gemahlener Zimt und Muskatnuss

- ½ Tasse ungesalzene Butter; Zimmertemperatur

- 1 Tasse Zucker

- 3 große Eier

- 2 Esslöffel geriebene Zitronenschale

- 2 Esslöffel frischer Zitronensaft

- 1 Teelöffel Vanilleextrakt

- 1½ Tasse gesiebtes Kuchenmehl

- ½ Teelöffel Backpulver und ¼ Backpulver

- ¼ Teelöffel Salz

- ½ Tasse saure Sahne

Richtungen

a) Wasser, Zucker, trockenen Rotwein, frischen Zitronensaft und Maisstärke in einem mittelgroßen Topf verrühren.

b) Heidelbeeren hinzufügen. Unter ständigem Rühren kochen, bis die Sauce genug eindickt, um die Rückseite des Löffels zu bedecken, etwa 5 Minuten.

c) Butter und Zucker in einer großen Schüssel schaumig schlagen. Eier schlagen, 1 auf einmal. Abgeriebene Zitronenschale, Zitronensaft und Vanilleextrakt unterschlagen. Kuchenmehl, Backpulver, Natron und Salz in eine mittelgroße Schüssel sieben.

d) Teig in die vorbereitete Backform gießen. Kuchen auf dem Rost 10 Minuten backen und dann abkühlen lassen.

59. Mit Wein und Safran angereicherte Muscheln

Zutat

- 2 Zwiebeln, geschält und halbiert
- 2 rote Chilischoten, Stiel entfernt
- 2 Esslöffel Olivenöl
- 1/2 TL Safranfäden, eingeweicht in 2 EL heißem Wasser
- 300 ml trockener Weißwein
- 500 ml Fischbrühe
- 2 Esslöffel Tomatenmark
- Meersalzflocken und frisch gemahlener schwarzer Pfeffer
- 1kg frische Muscheln, Bärte entfernt und gesäubert
- Mehrere Thymianzweige

Richtungen:

a) Die Zwiebeln und Chilis in den Prozessor geben.

b) Stellen Sie die Pfanne auf eine mittlere niedrige Hitze, fügen Sie die Zwiebeln und Chilis hinzu und kochen Sie 5 Minuten lang unter Rühren, bis die Zwiebeln glänzen und weich werden

c) Fügen Sie die Safranfadenmischung hinzu und kochen Sie 30 Sekunden lang. Wein, Fischfond, Tomatenmark dazugeben und gut mit Salz und Pfeffer würzen. Zum Kochen bringen, Hitze reduzieren und 5 Minuten köcheln lassen

d) Erhöhen Sie die Hitze zu hoch, wenn die Sauce kocht, fügen Sie die Muscheln und Thymianzweige hinzu. Mit dem Deckel abdecken und 3-5 Minuten garen, dabei gelegentlich die Pfanne schütteln, bis die Muscheln offen dampfen

e) Sofort mit knusprigem Brot servieren

60. Jakobsmuscheln in Weinsauce

Zutat

- 2 Pfund Jakobsmuscheln

- 2 Esslöffel Olivenöl

- $\frac{1}{4}$ Esslöffel Paprikaflocken

- 2 Knoblauchzehen; fein gehackt

- 1 Esslöffel Weißwein

- 1 Esslöffel Currypulver

- 1 kleine Tomate; geschält, entkernt und gehackt

- $\frac{1}{4}$ Tasse Sahne

- 2 Esslöffel Tabasco-Sauce

- Salz und Pfeffer nach Geschmack

- 1 Esslöffel Petersilie; fein gehackt

Richtungen

a) Gießen Sie etwas Olivenöl in eine der Pfannen auf der Herdplatte. Fügen Sie dann die Paprikaflocken, den Knoblauch und den Weißwein hinzu. Alle Jakobsmuscheln in die Pfanne geben.

Decken Sie die Pfanne ab und lassen Sie die Jakobsmuscheln bei mittlerer/hoher Hitze kochen, bis die Jakobsmuscheln fest und undurchsichtig werden.

b) Die Pfanne vom Herd nehmen und die Jakobsmuscheln in eine große Servierschüssel geben. 1 Esslöffel Öl und das Currypulver in einen kleinen Topf geben und 1-2 Minuten kochen.

c) Fügen Sie die aufgefangene Jakobsmuschelflüssigkeit in den Topf mit Öl und Curry hinzu, indem Sie $\frac{3}{4}$ Tasse davon durch ein Käsetuch oder einen Kaffeefilter passieren. Tomatenstücke, Sahne, Tabasco, Salz, Pfeffer und Petersilie in denselben Topf geben und 2 bis 3 Minuten erhitzen.

61. Heilbuttsteaks mit Weinsauce

Zutat

- 3 Esslöffel Schalotten; gehackt

- $1\frac{1}{2}$ Pfund Heilbuttsteaks; 1 Zoll dick, in 4 Zoll Stücke geschnitten

- 1 Tasse trockener Weißwein

- 2 mittelgroße Eiertomaten; gehackt

- $\frac{1}{2}$ Teelöffel getrockneter Estragon

- $\frac{1}{4}$ Teelöffel Salz

- $\frac{1}{8}$ Teelöffel Pfeffer

- 2 Esslöffel Olivenöl

Richtungen

a) Backofen auf 450 Grad vorheizen. Streuen Sie Schalotten über den Boden einer 1-$\frac{1}{2}$ bis 2-Liter-Auflaufform. Legen Sie den Fisch in eine flache Backform und gießen Sie Wein hinein.

b) Gehackte Tomaten, Estragon, Salz und Pfeffer über den Fisch streuen. Mit Öl beträufeln.

c) 10 bis 12 Minuten backen, bis der Fisch durchgehend undurchsichtig ist. Den Fisch mit einem Pfannenwender auf eine Servierplatte legen und die Haut abziehen.

d) Stellen Sie eine Backform (falls aus Metall) über eine Herdplatte oder gießen Sie Flüssigkeit und Gemüse in einen kleinen Topf. Bei starker Hitze kochen, bis die Sauce leicht reduziert ist, 1 bis 2 Minuten. Sauce über den Fisch geben und servieren.

62. Griechische Fleischrollen in Weinsoße

Zutat

- 2 Pfund mageres Hackfleisch oder Truthahn

- 4 Scheiben Trockener weißer Toast, zerkrümelt

- Zwiebel und Knoblauch

- 1 Ei, leicht geschlagen

- 1 Esslöffel Zucker

- Prise Salz, Kreuzkümmel, schwarzer Pfeffer

- Mehl (ca. 1/2 C.)

- 1 Dose (12-oz) Tomatenmark

- 1½ Tasse trockener Rotwein

- 2 Teelöffel Salz

- Gedünsteter Reis

- Gehackte Petersilie

Richtungen

a) Mischen Sie die trockenen Zutaten, bis sie gut vermischt und fest sind.

b) Befeuchten Sie die Hände mit kaltem Wasser und formen Sie Esslöffel der Fleischmischung zu Rollen (Klötzchen) von etwa 2-$\frac{1}{2}$ bis 3 Zoll Länge. Jede Rolle leicht mit Mehl bestreichen.

c) Erhitzen Sie in einer tiefen Pfanne etwa $\frac{1}{2}$ Zoll Öl und bräunen Sie die Brötchen ein paar auf einmal, achten Sie darauf, dass sie nicht zu voll werden. Nehmen Sie die gebräunten Brötchen zum Abtropfen auf Küchenpapier.

d) In einem Schmortopf Tomatenmark, Wasser, Wein, Salz und Kreuzkümmel verquirlen. Fleischröllchen in die Soße geben. Zugedeckt 45 Minuten bis eine Stunde köcheln lassen, bis die Fleischrollen gar sind. Sauce abschmecken und bei Bedarf salzen.

63. Linsen mit glasiertem Gemüse

Zutat

- 1½ Tasse französische grüne Linsen; sortiert und gespült

- 1½ Teelöffel Salz; geteilt

- 1 Lorbeerblatt

- 2 Teelöffel Olivenöl

- Zwiebel, Sellerie, Knoblauch

- 1 Esslöffel Tomatenmark

- ⅔ Tasse Trockener Rotwein

- 2 Teelöffel Dijon-Senf

- 2 Esslöffel Butter oder natives Olivenöl extra

- Frisch gemahlener Pfeffer nach Geschmack

- 2 Teelöffel frische Petersilie

Richtungen

a) Linsen in einen Topf geben mit 3 Tassen Wasser, 1 TL. Salz und das Lorbeerblatt. Zum Kochen bringen.

b) In der Zwischenzeit das Öl in einer mittelgroßen Pfanne erhitzen. Zwiebel, Karotte und Sellerie zugeben, mit $\frac{1}{2}$ TL würzen. salzen und bei mittlerer Hitze unter häufigem Rühren etwa 10 Minuten kochen, bis das Gemüse gebräunt ist. Fügen Sie Knoblauch und Tomatenmark hinzu, kochen Sie noch 1 Minute lang und fügen Sie dann den Wein hinzu.

c) Zum Kochen bringen, dann die Hitze reduzieren und zugedeckt köcheln lassen, bis die Flüssigkeit sirupartig ist.

d) Den Senf einrühren und die gekochten Linsen zusammen mit ihrer Brühe hinzugeben.

e) Köcheln lassen, bis die Sauce weitgehend reduziert ist, dann die Butter einrühren und mit Pfeffer würzen.

64. Heilbutt in Gemüsesoße

Zutat

- 2 Pfund Heilbutt

- $\frac{1}{4}$ Tasse Mehl

- $\frac{1}{2}$ Teelöffel Salz

- Weißer Pfeffer

- 1 Esslöffel gehackte Petersilie

- $\frac{1}{4}$ Tasse Olivenöl

- 1 zerdrückte Knoblauchzehe

- 1 Gehackte große Zwiebel

- 1 geriebene Karotte

- 2 Stangen gehackter Sellerie

- 1 große gehackte Tomate

- $\frac{1}{4}$ Tasse Wasser

- $\frac{3}{4}$ Tasse Trockener Weißwein

Richtungen

a) Mehl, Salz, Pfeffer und Petersilie mischen: Fisch mit Mehlmischung ausbaggern. Olivenöl in der Pfanne erhitzen; Heilbutt hinzugeben und von beiden Seiten goldbraun braten.

b) Aus der Pfanne nehmen und beiseite stellen. Knoblauch, Zwiebel, Karotte und Sellerie in die Pfanne geben: 10-15 Minuten anbraten, bis sie weich sind. Tomaten und Wasser hinzufügen, 10 Minuten köcheln lassen.

c) Sauce vom Herd nehmen und in den Mixer gießen; Püree. Wein einrühren. Zurück in die Pfanne: Fisch in die Sauce legen. Abdecken und 5 Minuten köcheln lassen.

65. Kräuterwürste in Wein

Zutat

- $\frac{1}{2}$ Pfund italienische Süßwurst

- $\frac{1}{2}$ Pfund italienische heiße Wurst

- $\frac{1}{2}$ Pfund Kielbasa

- $\frac{1}{2}$ Pfund Buckhurst (Kalbswurst)

- 5 grüne Zwiebeln, gehackt

- 2 Tassen trockener Weißwein

- 1 Esslöffel Gehackte frische Thymianblätter

- 1 Esslöffel fein gehackte frische Petersilie

- $\frac{1}{2}$ Teelöffel Tabasco-Pfeffer-Sauce

Richtungen

a) Schneiden Sie die Würste in $\frac{1}{2}$-Zoll-Stücke. Braten Sie die italienische Wurst in einer tiefen Pfanne bei mittlerer Hitze 3 bis 5 Minuten lang oder bis sie leicht gebräunt ist. Das Fett abgießen. Fügen Sie die restliche Wurst

und die Frühlingszwiebeln hinzu und
kochen Sie weitere 5 Minuten.

b) Reduzieren Sie die Hitze auf eine
niedrige Stufe, fügen Sie die restlichen
Zutaten hinzu und lassen Sie alles 20
Minuten lang köcheln, wobei Sie
gelegentlich umrühren. Sofort servieren
oder in einem Chafing Dish warm halten.
Mit Zahnstochern servieren.

66. Fischbrötchen in Weißwein

Zutat

- ⅔ Tasse Kernlose grüne Trauben, halbiert

- ¾ Tasse Trockener Weißwein

- Vier; (6 bis 8 Unzen)

- hautlose Flunder

- ⅓ Tasse Gehackte frische Petersilienblätter

- 1 Esslöffel Gehackter frischer Thymian

- ¼ Tasse gehackte Zwiebel

- 2 Esslöffel ungesalzene Butter

- 1 Esslöffel Allzweckmehl

- ¼ Tasse Sahne

- 1 Teelöffel frischer Zitronensaft

Richtungen

a) In einem kleinen Topf die Traubenhälften 1 Stunde im Wein mazerieren lassen.

b) Die Filets längs halbieren, mit Salz und Pfeffer würzen und die enthäuteten Seiten mit der Petersilie und dem Thymian bestreuen. Jede Filethälfte mit 1 der reservierten Weintrauben in der Mitte aufrollen und mit einem Holzspieß befestigen.

c) In einem kleinen Topf die Zwiebel in der Butter anschwitzen, das Mehl einrühren und die Mehlschwitze kochen.

d) Die Sahne, die mazerierten Weintrauben, den Zitronensaft sowie Salz und Pfeffer nach Geschmack hinzugeben und die Sauce unter Rühren 3 Minuten lang aufkochen.

e) Flüssigkeit, die sich auf dem Teller angesammelt hat, abgießen, Fischbrötchen auf 4 vorgewärmte Teller verteilen und die Sauce darüber löffeln.

67. Kräutertofu in Weißweinsauce

Zutat

- 2 Esslöffel (Soja-) Margarine

- 1$\frac{1}{2}$ Esslöffel Mehl

- $\frac{1}{2}$ Tasse (Soja-) Milch

- $\frac{1}{2}$ Tasse Weißwein

- 1 Zwiebelkeule

- 1 Prise gemahlene Nelken

- 1 Prise Salz

- $\frac{1}{2}$ Pfund oder so Kräutertofu, gewürfelt

- Ihre Lieblingspasta, genug

Richtungen

a) Margarine im Topf schmelzen und Mehl einrühren. Etwas abkühlen lassen und dann Wein und (Soja-)Milch unterrühren.

b) Zwiebel, Nelken und Salz zur Sauce geben und bei schwacher Hitze rühren, bis die Sauce leicht eingedickt ist. Wenn es zu dick wird, fügen Sie etwas Wasser hinzu. Fügen Sie Tofu hinzu und köcheln Sie, während Sie die Nudeln kochen.

c) Servieren Sie Tofu und Soße über Nudeln und geben Sie die Zwiebel der Person, die sie mehr mag.

68. Gegrillter Oktopus in Rotweinmarinade

Zutat

- 2 Gereinigter 1 1/2-Pfund-Oktopus

- Karotten, Sellerie und Zwiebel

- 2 Lorbeerblätter

- 2 Teelöffel Salz

- Ganze schwarze Pfefferkörner und getrockneter Thymian

- 2 Tassen Rotwein

- 3 Esslöffel Natives Olivenöl Extra

- 3 Esslöffel Rotweinessig

- 3 Esslöffel trockener Rotwein

- Salz, frisch gemahlener schwarzer Pfeffer

- 1⅓ Tasse Gesiebter Oktopus, Kochbrühe

- ¼ Tasse natives Olivenöl extra

- 1 Esslöffel Zitronensaft

- 2 Esslöffel Butter

Richtungen

a) In einer großen Kasserolle Oktopus, Karotten, Sellerie, Zwiebel, Lorbeerblätter, Salz, Pfeffer, Thymian, Rotwein und Wasser mischen. Zum langsamen Kochen bringen.

b) Marinade zubereiten: In einer kleinen Schüssel die Zutaten für die Marinade mischen. Über den Oktopus gießen und zum Überziehen schwenken.

c) Soße zubereiten: In einem kleinen Topf die abgesiebte Brühe, das Olivenöl, den Zitronensaft und den Essig mischen. Petersilie unterrühren.

d) 4 Minuten grillen, dabei häufig wenden, bis sie leicht angekohlt und durchgewärmt sind.

69. Gebackene süße Kochbananen in Wein

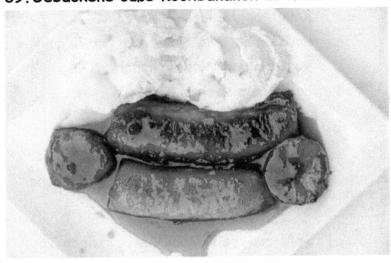

Zutat

- je 4 Sehr reife Kochbananen

- 1 Tasse Olivenöl

- $\frac{1}{2}$ Tasse brauner Zucker

- $\frac{1}{2}$ Teelöffel gemahlener Zimt

- 1 Tasse Sherrywein

Richtungen

a) Backofen auf 350F vorheizen.
Kochbananen schälen und der Länge nach
halbieren. In einer großen Bratpfanne Öl
auf mittlere Hitze erhitzen und
Kochbananen hinzufügen.

b) Kochen Sie sie, bis sie auf jeder Seite
leicht gebräunt sind. Legen Sie sie in
eine große Auflaufform und streuen Sie
Zucker darüber. Zimt zugeben und mit
Wein bedecken. 30 Minuten backen oder
bis sie einen rötlichen Farbton annehmen.

70. Nudeln in Zitronen-Weißwein-Sauce

Zutat

- 1½ Pfund Nudeln; deine Entscheidung

- 1 ganze Hähnchenbrust; gekocht, Julienne

- 10 Unzen Spargel; blanchiert

- ¼ Tasse Butter

- ½ kleine Zwiebel

- 4 Esslöffel Allzweckmehl

- 2 Tassen trockener Weißwein

- 2 Tassen Hühnerbrühe

- 12 Teelöffel Zitronenschale

- 1 Esslöffel frischer Thymian; gehackt

- 1 Esslöffel frischer Dill; gehackt

- 3 Esslöffel Dijon-Senf

- Salz und Pfeffer; schmecken

- Parmesan Käse; gerieben

Richtungen

a) Nudeln kochen und halten
   Hähnchenbrust kochen und Spargel
   blanchieren; halt. Butter in einem großen
   Topf bei mittlerer Hitze erwärmen. Die
   Zwiebel zugeben und anschwitzen, bis sie
   leicht gebräunt und sehr weich ist.

b) Fügen Sie das Mehl hinzu und reduzieren
   Sie die Hitze auf niedrig. Rühren, bis
   alles vollständig vermischt ist. Weißwein
   und Brühe ganz nach und nach einrühren.

c) Die Sauce zum Kochen bringen und dann
   10 Minuten köcheln lassen.
   Zitronenschale, Thymian, Dill, Senf
   unterrühren und mit Salz und weißem
   Pfeffer abschmecken. Fügen Sie das
   gekochte und Julienne-Huhn und den
   Spargel hinzu.

71. Nudeln mit Muscheln in Wein

Zutat

- 1 Pfund Muscheln (in ihrer Schale)

- Weißwein (genug, um einen großen flachen Topf etwa 1/2 Zoll zu füllen)

- 2 große Knoblauchzehen, fein gehackt

- 2 Esslöffel Olivenöl

- 1 Teelöffel frisch gemahlener Pfeffer

- 3 Esslöffel Gehackter frischer Basilikum

- 1 große Tomate, grob gehackt

- 2 Pfund Nudeln

Richtungen

a) Waschen Sie die Muscheln gründlich, entfernen Sie alle Bärte und kratzen Sie die Muscheln nach Bedarf ab. Mit dem Wein in einen Topf geben.

b) Fest zudecken und dämpfen, bis sich die Schalen öffnen. Während die Muscheln etwas abkühlen, Weinbrühe bei mittlerer Hitze erhitzen und Knoblauch, Olivenöl,

Pfeffer, Tomate und Basilikum hinzufügen.

c) Sauce über heiße Linguini oder Fettucini gießen und servieren!

72. Rotweinfettucine und Oliven

Zutat

- $2\frac{1}{2}$ Tasse Mehl

- 1 Tasse Grießmehl

- 2 Eier

- 1 Tasse trockener Rotwein

- 1 Portion Lumache alla Marchigiana

Richtungen

a) So bereiten Sie Nudeln zu: Machen Sie
   eine Mulde aus dem Mehl und geben Sie
   die Eier und den Wein in die Mitte.

b) Eier und Wein mit einer Gabel verquirlen
   und das Mehl beginnend am Innenrand
   der Mulde einarbeiten.

c) Beginnen Sie, den Teig mit beiden
   Händen zu kneten, indem Sie die
   Handflächen verwenden.

d) Nudeln auf der Nudelmaschine auf die
   dünnste Stufe ausrollen. Nudeln von
   Hand oder mit der Maschine in $\frac{1}{4}$ Zoll

dicke Nudeln schneiden und unter einem
feuchten Tuch beiseite legen.

e) Bringen Sie 6 Liter Wasser zum Kochen
und fügen Sie 2 Esslöffel Salz hinzu.
Schnecke zum Kochen erhitzen und
beiseite stellen.

f) Nudeln in Wasser geben und kochen, bis
sie gerade weich sind. Nudeln abtropfen
lassen und mit den Schnecken in die
Pfanne geben, gut schwenken, um sie zu
beschichten. Sofort in einer warmen
Servierschale servieren.

73. Orecchiette-Nudeln und Hähnchen

Zutat

- 6 große Hähnchenkeulen, entbeint und gehäutet

- Salz und frisch gemahlener schwarzer Pfeffer nach Geschmack

- 2 Esslöffel Oliven- oder Rapsöl

- ½ Pfund frische Shiitake-Pilze

- Zwiebel, Knoblauch, Karotten und Sellerie

- 2 Tassen Herzhafter Rotwein

- 2 Tassen reife Tomaten, gewürfelt, entkernt

- 1 Teelöffel frischer Thymian/frischer Salbei

- 4 Tassen Hühnerbrühe

- ⅓ Tasse fein gehackte Petersilie

- ½ Pfund Orecchiette-Nudeln, ungekocht

- ¼ Tasse gehackter frischer Basilikum

214

- $\frac{1}{4}$ Tasse abgetropfte sonnengetrocknete Tomaten

- Frische Basilikumzweige

- Frisch rasierter Asiago oder Parmesankäse

Richtungen

a) Hähnchen würzen und bei starker Hitze schnell bräunen.

b) Champignons, Zwiebel, Knoblauch, Karotten und Sellerie hinzugeben und anbraten, bis sie sehr leicht gebräunt sind. Das Hähnchen wieder in die Pfanne geben und Wein, Tomaten, Thymian, Salbei und die Brühe hinzugeben und zum Köcheln bringen. Petersilie unterrühren und warm halten.

c) Nudeln zubereiten und servieren. Mit Basilikumfedern und geriebenem Käse garnieren.

74. Rindfleisch mit Portobello-Sauce

Zutat

- 500 Gramm mageres Hackfleisch

- $\frac{1}{2}$ Trockener Rotwein

- $\frac{1}{2}$ Teelöffel Pfeffer; grober Boden

- 4 Esslöffel Roquefort- oder Stilton-Käse

- $\frac{3}{4}$ Pfund Portobellos; (375 g oder 4 med)

Richtungen

a) Bräunen Sie Fleisch 2-4 Minuten pro Seite

b) Gießen Sie $\frac{1}{2}$ Tasse Wein hinein und mahlen Sie großzügig Pfeffer über die Pastetchen.

c) Hitze auf mittlere Stufe reduzieren und ohne Deckel 3 Minuten köcheln lassen. Frikadellen wenden, Käse darüber bröckeln und ohne Deckel weiter köcheln lassen, bis der Käse zu schmelzen beginnt, etwa 3 Minuten.

d) In der Zwischenzeit die Stiele von den
    Pilzkappen trennen. Stiele und Kappen in
    dicke Scheiben schneiden.

e) Fügen Sie die Pilze dem Wein in der
    Pfanne hinzu und rühren Sie ständig um,
    bis sie heiß sind.

f) Champignons um die Patties verteilen,
    dann die Sauce darüber gießen.

75. Italienische Käse- und Rotweinwurst

Zutat

- 4 Pfund Schweinefleisch, ohne Knochen, Schulter oder Hintern

- 1 Esslöffel Fenchelsamen, im Mörser gemahlen

- 2 Lorbeerblätter, zerdrückt

- $\frac{1}{4}$ Tasse Petersilie, gehackt

- 5 Knoblauch, gepresst

- $\frac{1}{2}$ Teelöffel Pfeffer, rot, Flocken

- 3 Teelöffel Salz, koscher

- 1 Teelöffel Pfeffer, schwarz, frisch gemahlen

- 1 Tasse Käse, Parmesan oder Romano, gerieben

- $\frac{3}{4}$ Tasse Wein, rot

- 4 Wursthüllen (ca

Richtungen

a) Zerkleinern Sie das Fleisch in der Küchenmaschine oder dem

220

Fleischwolfaufsatz von Kitchen Aid für den Mixer.

b) Alle Zutaten mischen und 1 Stunde stehen lassen, damit sich die Aromen vermischen können.

c) Füllen Sie Wurst mit dem Wurstfüllaufsatz von Kitchen Aid in Därme oder kaufen Sie Hand mit Wursttrichter.

76. Pilze und Tofu in Wein

Zutat

- 1 Esslöffel Distelöl

- Je 2 Knoblauchzehen, gehackt

- 1 große Zwiebel, gehackt

- $1\frac{1}{2}$ Pfund Champignons, in Scheiben geschnitten

- $\frac{1}{2}$ mittlere grüne Paprika, gewürfelt

- $\frac{1}{2}$ Tasse trockener Weißwein

- $\frac{1}{4}$ Tasse Tamari

- $\frac{1}{2}$ Teelöffel geriebener Ingwer

- 2 Teelöffel Sesamöl

- $1\frac{1}{2}$ Esslöffel Maisstärke

- Je 2 Kuchen Tofu, gerieben

- Gemahlene Mandeln

Richtungen

a) Saflor in einem Wok erhitzen. Wenn es heiß ist, fügen Sie Knoblauch und Zwiebel hinzu und braten Sie es bei mäßig niedriger Hitze an, bis die Zwiebel durchscheinend ist. Pilze, Paprika, Wein, Tamari, Ingwer und Sesamöl hinzufügen. Mischen.

b) Maisstärke in etwas Wasser auflösen und in die Pfanne rühren.

c) Tofu einrühren, abdecken und weitere 2 Minuten köcheln lassen.

77. Aprikosen-Weinsuppe

Zutat

- 32 Unzen Aprikosen in Dosen; undrainiert

- 8 Unzen saure Sahne

- 1 Tasse Chablis oder trockener Weißwein

- $\frac{1}{4}$ Tasse Aprikosenlikör

- 2 Esslöffel Zitronensaft

- 2 Teelöffel Vanilleextrakt

- $\frac{1}{4}$ Teelöffel gemahlener Zimt

Richtungen

a) Kombinieren Sie alle Zutaten in einem Behälter eines elektrischen Mixers oder einer Küchenmaschine und verarbeiten Sie sie, bis sie glatt sind.

b) Gut abdecken und kalt stellen. Suppe in einzelne Suppentassen schöpfen. Mit zusätzlicher saurer Sahne und gemahlenem Zimt garnieren.

78. Pilzsuppe mit Rotwein

Zutat

- 50 G; (2-3oz) Butter, (50 bis 75)

- 1 große Zwiebel; gehackt

- 500 Gramm Champignons; geschnitten (1lb)

- 300 Milliliter trockener Rotwein; (1/2 Liter)

- 900 Milliliter Gemüsebrühe; (1 1/2 Liter)

- 450 Milliliter Doppelrahm; (3/4 Liter)

- Ein kleiner Bund frischer Petersilie; fein gehackt, zum Garnieren

Richtungen

a) 25 g Butter in einer kleinen Bratpfanne bei mittlerer Hitze schmelzen und die Zwiebel unter häufigem Rühren 2-3 Minuten braten, bis sie gerade weich ist.

b) Weitere 25 g Butter in einem großen Topf bei mittlerer bis niedriger Hitze erhitzen.

c) Fügen Sie die Pilze hinzu und braten Sie sie 8-10 Minuten lang, bis sie weich sind.

d) Den Wein zugeben und weitere 5 Minuten kochen. Brühe und Zwiebel hinzugeben und bei schwacher Hitze 15 Minuten leicht köcheln lassen, ohne zu kochen.

e) Zum Servieren die Suppe bei schwacher Hitze nochmals erhitzen und die Sahne einrühren.

79. Borleves (Weinsuppe)

Zutat

- 4 Tassen Rot- oder Weißwein

- 2 Tassen Wasser

- 1 Teelöffel geriebene Zitronenschale

- Je 8 Nelken

- Je 1 Zimtstange

- Je 3 Eigelb

- $\frac{3}{4}$ Tasse Zucker

Richtungen

a) Gießen Sie den Wein und das Wasser in den Topf. Die abgeriebene Zitronenschale, die Nelken und den Zimt hinzufügen. Bei schwacher Hitze 30 Minuten köcheln lassen.

b) Vom Herd nehmen und Nelken und Zimtstange wegwerfen. In der kleinen Rührschüssel die Eigelbe mit einem Schneebesen schlagen. Fügen Sie den Zucker nach und nach hinzu und schlagen

Sie weiter, bis er dickflüssig ist. Die Eigelbmischung in die heiße Suppe rühren.

c) Den Topf wieder auf den Herd stellen und zum Siedepunkt bringen. Lassen Sie die Suppe nicht kochen, da sonst das Eigelb rührt. In heißen Tassen servieren.

80. Kirschweinsuppe

Zutat

- 1 Unze Dose entkernte rote Kirschen

- 1½ Tasse Wasser

- ½ Tasse) Zucker

- 1 Esslöffel Schnellkoch-Tapioka

- ⅛ Teelöffel gemahlene Nelken

- ½ Tasse trockener Rotwein

Richtungen

a) In einem 1½-Liter-Topf nicht
   abgetropfte Kirschen, Wasser, Zucker,
   Tapioka und Nelken verrühren. 5 Minuten
   stehen lassen. Zum Kochen bringen.

b) Hitze reduzieren; abdecken und 15
   Minuten köcheln lassen, gelegentlich
   umrühren.

c) Vom Herd nehmen; Wein einrühren.
   Abdecken und kalt stellen, gelegentlich
   umrühren. Ergibt 6 bis 8 Portionen.

81. Dänische Apfelsuppe

Zutat

- 2 große Äpfel, entkernt, geschält

- 2 Tassen Wasser

- 1 Zimtstange (2")

- 3 ganze Nelken

- $\frac{1}{8}$ Teelöffel Salz

- $\frac{1}{2}$ Tasse) Zucker

- 1 Esslöffel Maisstärke

- 1 Tasse Frische Pflaumen, ungeschält und in Scheiben geschnitten

- 1 Tasse Frische Pfirsiche, geschält und geschnitten

- $\frac{1}{4}$ Tasse Portwein

Richtungen

a) Kombinieren Sie Äpfel, Wasser, Zimtstange, Nelken und Salz in einem mittelgroßen Topf.

b) Zucker und Maisstärke mischen und zu der pürierten Apfelmischung geben.

c) Fügen Sie die Pflaumen und Pfirsiche hinzu und köcheln Sie, bis diese Früchte weich sind und die Mischung leicht eingedickt ist.

d) Fügen Sie den Portwein hinzu.

e) Einzelne Portionen mit einem Klecks heller Sauerrahm oder fettfreiem Vanillejoghurt toppen.

82. Cranberry-Wein-Wackelpudding-Salat

Zutat

- 1 großes Pkg. Himbeer-Wackelpudding

- $1\frac{1}{4}$ Tasse kochendes Wasser

- 1 große Dose ganze Cranberry-Sauce

- 1 große Dose undrainiert zerkleinert

- Ananas

- 1 Tasse gehackte Nüsse

- $\frac{3}{4}$ Tasse Portwein

- 8 Unzen Frischkäse

- 1 Tasse saure Sahne

- Wackelpudding in kochendem Wasser auflösen. Cranberry-Sauce gründlich unterrühren.

Richtungen

a) Ananas, Nüsse und Wein zugeben. In eine 9 x 13 Zoll große Glasschale gießen und 24 Stunden kalt stellen.

b) Zum Servieren Frischkäse weich rühren,
   saure Sahne hinzugeben und gut schlagen.
   auf Jello verteilen.

83. Dijon-Senf mit Kräutern und Wein

Zutat

- 1 Tasse Dijon-Senf

- $\frac{1}{2}$ Teelöffel Basilikum

- $\frac{1}{2}$ Teelöffel Estragon

- $\frac{1}{4}$ Tasse Rotwein

Richtungen

a) Alle Zutaten mischen.

b) Über Nacht kühl stellen, um die Aromen vor der Verwendung zu mischen. Im Kühlschrank aufbewahren.

84. Mit Wein angereicherter Bucatini

Zutat

- 2 Esslöffel Olivenöl, geteilt
- 4 würzige Schweinswürste nach italienischer Art
- 1 große Schalotte, in Scheiben geschnitten
- 4 Knoblauchzehen, gehackt
- 1 Esslöffel geräucherter Paprika
- 1 Prise Cayennepfeffer
- 1 Prise zerkleinerte Paprikaflocken
- Salz, nach Geschmack
- 2 Tassen trockener Weißwein,
- 1 (14,5 Unzen) Dose geröstete Tomatenwürfel
- 1 Pfund Bucatini
- 1 Esslöffel ungesalzene Butter
- 1/2 Tasse frisch geriebener Parmesankäse
- 1/2 Tasse gehackte frische Petersilie

Richtungen:

a) In einem großen Topf oder Schmortopf 1 Esslöffel Olivenöl bei mittlerer Hitze erhitzen. Fügen Sie Wurst hinzu und

kochen Sie, bis sie gebräunt ist,
ungefähr 8 Minuten.

b) Fügen Sie Knoblauch hinzu und kochen
Sie eine Minute mehr. Wenn der
Knoblauch duftet und goldbraun ist,
fügen Sie das geräucherte Paprikapulver,
den Cayennepfeffer und die roten
Paprikaflocken hinzu. Mit Salz und
Pfeffer würzen.

c) Die Pfanne mit dem Wein ablöschen,
dabei alle braunen Stücke vom Boden der
Pfanne abkratzen.

d) Die feuergerösteten Tomatenwürfel und
das Wasser hinzugeben und zum Köcheln
bringen. Bucatini dazugeben und garen.

e) Wenn die Nudeln gar sind, die beiseite
gestellte Wurst, Butter, Parmesankäse
und gehackte Petersilie unterrühren.

f) Mit Salz und Pfeffer abschmecken und
genießen!

85. Spargel im Wein

Zutat

- 2 Pfund Spargel

- Kochendes Wasser

- $\frac{1}{4}$ Tasse Butter

- $\frac{1}{4}$ Tasse Weißwein

- $\frac{1}{2}$ Teelöffel Salz

- $\frac{1}{4}$ Teelöffel Pfeffer

Richtungen

a) Spargel waschen und Enden abbrechen. Spieße in eine flache Pfanne legen und mit kochendem Salzwasser bedecken. Zum Kochen bringen und 8 Minuten köcheln lassen.

b) Abgießen und in gebutterte Förmchen verwandeln. Butter schmelzen und Wein einrühren. Über den Spargel gießen. Mit Salz und Pfeffer und Käse bestreuen. Backen Sie bei 425 'für 15 Minuten.

86. Senf, weinmarinierte Wildkoteletts

Zutat

- 4 Karibu- oder Hirschkoteletts

- $\frac{1}{4}$ Teelöffel Pfeffer

- 1 Teelöffel Salz

- 3 Esslöffel Steingemahlener Senf

- 1 Tasse Rotwein

Richtungen

a) Koteletts mit Senf einreiben. Mit Salz und Pfeffer bestreuen. Mit Wein bedecken und über Nacht im Kühlschrank marinieren.

b) Mit der Marinade grillen oder auf dem Holzkohlegrill rösten.

87. Hühnerflügel mit Weindressing

Zutat

- 8 Hühnerflügel

- $\frac{1}{4}$ Tasse Maisstärke

- 2 Teelöffel Salz

- 1 Tasse Olivenöl

- 1 Tasse Estragonweinessig

- $\frac{3}{4}$ Tasse Trockener Weißwein

- $\frac{1}{2}$ Teelöffel trockener Senf

- Getrocknetes Basilikum, Estragon, Oregano und weißer Pfeffer

- Öl zum braten

- Salz Pfeffer

- 1 kleine Tomate

- $\frac{1}{2}$ mittlere grüne Paprika

- $\frac{1}{2}$ kleine Zwiebel dünn in Ringe geschnitten

Richtungen

a) Hähnchen in Maisstärke mit 2 Teelöffel Salz und weißem Pfeffer ausbaggern.

b) Öl in einer schweren Bratpfanne 1,5 cm tief erhitzen und Hühnchen goldbraun und zart braten, etwa 7 Minuten auf jeder Seite.

c) Für das Dressing Öl, Essig, Wein, Knoblauch, Senf, Zucker, Basilikum, Oregano und Estragon mischen. Mit Salz und Pfeffer abschmecken.

d) Tomatenscheiben, Paprika und Zwiebelscheiben mit dem Dressing mischen und gut vermischen.

88. Oeufs en meurette

Zutat

- Schalotten; 6 geschält
- $2\frac{1}{2}$ Tassen Beaujolais-Wein; Plus
- 1 Esslöffel Beaujolais-Wein
- 2 weiße Champignons; geviertelt
- 3 Scheiben Speck; 2 grob gehackt
- 4 Scheiben französisches Brot
- 3 Esslöffel Butter; erweicht
- 2 Knoblauchzehen; 1 ganz, zertrümmert,
- Plus 1 fein gehackt
- 1 Lorbeerblatt
- $\frac{1}{2}$ Tasse Hühnerbrühe
- $1\frac{1}{4}$ Esslöffel Mehl
- 1 Esslöffel Rotweinessig
- 4 große Eier
- 1 Esslöffel Petersilie

Richtungen

a) Schalotten rösten, bis sie gut gebräunt sind, und mit $\frac{1}{2}$ Tasse Wein begießen. Pilze in die Pfanne geben; 5 Minuten unter den heißen Grill stellen, grob gehackten Speck hinzufügen und grillen.

b) Croutes zubereiten: Brotscheiben mit zerdrückter Knoblauchzehe einreiben und auf das Backblech legen. Grillen.

c) Eier 2 Minuten pochieren, bis sie gerade fest sind.

d) Soße über die Eier gießen, mit Petersilie bestreuen und sofort servieren.

89. Risotto mit Rotwein und Pilzen

Zutat

- 1 Unze Steinpilze; getrocknet

- 2 Tassen kochendes Wasser

- 1½ Pfund Pilze; cremini oder weiß

- 6 Esslöffel ungesalzene Butter

- 5½ Tasse Hühnerbrühe

- 6 Unzen Pancetta; 1/4 Zoll dick

- 1 Tasse Zwiebel; fein gehackt

- Frischer Rosmarin und Salbei

- 3 Tassen Arborio-Reis

- 2 Tassen trockener Rotwein

- 3 Esslöffel frische Petersilie; fein gehackt

- 1 Tasse Parmesankäse; frisch

Richtungen

a) In einer kleinen Schüssel Steinpilze 30
   Minuten in kochendem Wasser
   einweichen.

b) Pancetta bei mäßiger Hitze kochen.
   Beiseite gestellte, fein gehackte Cremini
   oder weiße Champignons, restliche
   Esslöffel Butter, Zwiebel, Rosmarin,
   Salbei sowie Salz und Pfeffer nach
   Geschmack unter Rühren hinzufügen, bis
   die Zwiebel weich ist. Reis einrühren und
   kochen.

c) Fügen Sie 1 Tasse kochende Brühe hinzu
   und kochen Sie unter ständigem Rühren,
   bis sie absorbiert ist.

90. Rotwein-Gazpacho

Zutat

- 2 Scheiben Weißbrot

- 1 Tasse kaltes Wasser; mehr wenn nötig

- 1 Pfund Sehr reife große Tomaten

- 1 rote Paprika

- 1 mittelgroße Gurke

- 1 Knoblauchzehe

- $\frac{1}{4}$ Tasse Olivenöl

- $\frac{1}{2}$ Tasse Rotwein

- 3 Esslöffel Rotweinessig; mehr wenn nötig

- Salz und Pfeffer

- 1 Prise Zucker

- Eiswürfel; (Zum Servieren)

Richtungen

a) Das Brot in eine kleine Schüssel geben, mit dem Wasser übergießen und einweichen lassen. Die Tomaten entkernen, quer durchschneiden und die Kerne herausschaben. Das Fruchtfleisch in große Stücke schneiden.

b) Das Gemüse in der Küchenmaschine in zwei Portionen pürieren, das Olivenöl und das eingeweichte Brot zur letzten Portion geben. Wein, Essig, Salz, Pfeffer und Zucker einrühren.

c) In Schüsseln geben, einen Eiswürfel hinzufügen und mit einem geknoteten Streifen Gurkenschale belegen.

91. Reis und Gemüse in Wein

Zutat

- 2 Esslöffel Öl

- Je 1 Zwiebel, gehackt

- 1 mittelgroße Zucchini, gehackt

- 1 mittelgroße Karotte, gehackt

- Je 1 Stangensellerie, gehackt

- 1 Tasse Langkornreis

- $1\frac{1}{4}$ Tasse Gemüsebrühe

- 1 Tasse Weißwein

Richtungen

a) Das Öl im Topf erhitzen und die Zwiebel anschwitzen. Fügen Sie das restliche Gemüse hinzu und rühren Sie es bei mittlerer Hitze, bis es leicht gebräunt ist.

b) Reis, Gemüsebrühe und Weißwein zugeben, zugedeckt 15-20 Minuten garen, bis die gesamte Flüssigkeit aufgesogen ist.

92. Mit Kaviar gefüllter Babylachs

Zutat

- ½ Tasse Öl, Olive

- 1 Pfund Knochen, Lachs

- 1 Pfund Butter

- 2 Tassen Mirepoix

- 4 Lorbeerblätter

- Oregano, Thymian, Pfefferkörner, weiß

- 4 Esslöffel Püree, Schalotte

- ¼ Tasse Cognac

- 2 Tassen Wein, rot

- 1 Tasse Brühe, Fisch

Richtungen

a) In einer Bratpfanne das Olivenöl erhitzen.

b) Die Lachsknochen in die Pfanne geben und etwa 1 Minute anbraten.

c) Fügen Sie Butter (etwa 2 Esslöffel), 1 Tasse Mirepoix, 2 Lorbeerblätter, $\frac{1}{4}$ Teelöffel Thymian, $\frac{1}{4}$ Teelöffel Pfefferkörner und 2 Esslöffel Schalottenpüree hinzu. Cognac und Flamme hinzugeben.

d) Mit 1 Tasse Rotwein ablöschen und bei starker Hitze 5 bis 10 Minuten garen.

e) Butter schmelzen. Fügen Sie 2 Esslöffel Schalottenpüree, 1 Tasse Mirepoix, 2 Lorbeerblätter, $\frac{1}{4}$ Teelöffel Pfefferkörner, $\frac{1}{4}$ Teelöffel Oregano, $\frac{1}{4}$ Teelöffel Thymian und 3 Tassen Rotwein hinzu.

f) Ablöschen Abseihen und aufbewahren.

93. Knoblauch-Wein-Reis-Pilaw

Zutat

- 1 Schale von 1 Zitrone

- 8 Knoblauchzehen, geschält

- $\frac{1}{2}$ Tasse Petersilie

- 6 Esslöffel ungesalzene Butter

- 1 Tasse normaler Reis (nicht Instant)

- $1\frac{1}{4}$ Tasse Hühnerbrühe

- $\frac{3}{4}$ Tasse Trockener Wermut

- Salz und Pfeffer nach Geschmack

Richtungen

a) Zitronenschale, Knoblauch und Petersilie hacken.

b) Erhitzen Sie die Butter in einem schweren 2-qt-Topf. Kochen Sie die Knoblauchmischung sehr sanft für 10 Minuten. Den Reis unterrühren.

c) 2 Minuten bei mittlerer Hitze rühren. Brühe und Wein in einen Topf geben. In

Reis rühren; Salz und frisch gemahlenen
Pfeffer hinzufügen.

d) Legen Sie ein Handtuch über den Topf
und decken Sie das Handtuch ab, bis es
Zeit zum Servieren ist.

e) Heiß oder bei Zimmertemperatur
servieren.

94. Baskische Lammleber mit Rotweinsauce

Zutat

- 1 Tasse trockener Rotwein

- 1 Esslöffel Rotweinessig

- 2 Teelöffel gehackter frischer Knoblauch

- 1 Lorbeerblatt

- $\frac{1}{4}$ Teelöffel Salz

- 1 Pfund Lammleber

- 3 Esslöffel spanisches Olivenöl

- 3 Scheiben Speck, gehackt

- 3 Esslöffel Fein gehackter Italiener

- Petersilie

Richtungen

a) Kombinieren Sie Wein, Essig, Knoblauch, Lorbeer und Salz in einer Glasauflaufform. Leber dazugeben und gut mit Marinade bestreichen.

b) Speck hinzufügen und braten, bis er gebräunt und knusprig ist. Auf Küchenpapier abtropfen lassen.

c) Leber aus der Marinade nehmen und trocken tupfen. Leber im Bratenfett 2 Minuten auf jeder Seite anbraten. Auf die erhitzte Platte geben.

d) Gießen Sie die Marinade in die heiße Pfanne und kochen Sie sie unbedeckt, bis sie um die Hälfte reduziert ist. Speckstücke über die Leber streuen, Marinade darüber gießen und mit Petersilie bestreuen.

95. In Barolowein geschmortes Rindfleisch

Zutat

- 2 Knoblauchzehe, gehackt

- $3\frac{1}{2}$ Pfund Rindfleisch, untere Runde oder Futter

- Salz Pfeffer

- 2 Lorbeerblätter, frisch oder getrocknet

- Thymian, getrocknet, Prise

- 5 Tassen Wein, Barolo

- 3 Esslöffel Butter

- 2 Esslöffel Olivenöl

- 1 Zwiebel, mittel, fein gehackt

- 1 Karotte, fein gehackt

- 1 Selleriestange, fein gehackt

- $\frac{1}{2}$ Pfund Pilze, weiß

Richtungen

a) Fleisch mit Knoblauch einreiben. Mit Salz und Pfeffer würzen. Fleisch in eine große

Schüssel geben. Lorbeerblätter, Thymian und genug Wein hinzufügen, um das Fleisch zu bedecken.

b) 2 Esslöffel Butter mit Öl in einer großen schweren Kasserolle schmelzen. Wenn die Butter schäumt, das Fleisch hinzugeben. Fleisch bei mittlerer Hitze von allen Seiten anbraten.

c) Fleisch aus der Kasserolle nehmen. Zwiebel, Karotte und Sellerie in den Auflauf geben. Braten, bis sie leicht gebräunt sind. Fleisch wieder in den Topf geben. Gießen Sie die reservierte Marinade durch ein Sieb über das Fleisch.

d) 1 Esslöffel Butter in einer mittelgroßen Pfanne schmelzen. Champignons bei starker Hitze goldbraun anbraten. Pilze zum Fleisch geben und 5 Minuten länger garen.

96. Geschmorter Schnitzel in Weißwein

Zutat

- $\frac{3}{4}$ Tasse Olivenöl; Plus

- 2 Esslöffel Olivenöl

- $1\frac{1}{2}$ Pfund Schnitzelfilets; 2x 2 Stück schneiden

- $\frac{1}{4}$ Tasse Mehl zum Ausbaggern; gewürzt mit

- 1 Teelöffel Bayou-Explosion

- 1 Teelöffel gehackter Knoblauch

- $\frac{1}{2}$ Tasse Birnen- oder Kirschtomaten

- $\frac{1}{4}$ Tasse Kalamata-Oliven; geschnitten

- 2 Tassen lose gepackte Oreganoblätter

- $\frac{1}{4}$ Tasse trockener Weißwein

- 1 Teelöffel gehackte Zitronenschale

Richtungen

a) Fischstücke im gewürzten Mehl wenden, überschüssiges Mehl abschütteln.

b) Alle Fischstücke vorsichtig in das heiße Öl legen und 2 Minuten garen.

c) In einer großen Bratpfanne die restlichen 2 Esslöffel Olivenöl bei mittlerer Hitze erhitzen. Gehackten Knoblauch hinzufügen und 30 Sekunden kochen lassen. Den Fisch mit Tomaten, Kalamata-Oliven, frischem Oregano, Weißwein, Zitronenschale, Wasser sowie Salz und Pfeffer in die Pfanne geben.

d) Zugedeckt 5 Minuten bei mittlerer Hitze garen. Die Sauce löffelweise über den Fisch servieren.

97. Calamari in Umido

Zutat

- 16 kleine Calamari, frisch
- $\frac{1}{4}$ Tasse Olivenöl, extra vergine
- 1 Esslöffel Zwiebel; gehackt
- $\frac{1}{2}$ Esslöffel Knoblauch; gehackt
- $\frac{1}{4}$ Teelöffel Paprika; zerquetscht
- $\frac{1}{3}$ Tasse Chardonnay
- $\frac{1}{4}$ Tasse Fischbrühe
- je 3 Petersilienzweige, italienisch; gehackt
- Salz Pfeffer

Richtungen

a) Den Tintenfisch säubern und schälen, falls dies nicht bereits vom Fischmarkt erledigt wurde. Das Olivenöl in einer Pfanne bei mittlerer Hitze erhitzen.

b) Braten Sie die Zwiebel, den Knoblauch und die zerdrückte rote Paprika 30

Sekunden lang bei mittlerer Hitze an,
fügen Sie dann die in Scheiben
geschnittenen Tintenfische und alle
anderen Zutaten hinzu.

c) Die Pfanne zum Kochen bringen und etwa
drei Minuten köcheln lassen, bis die
Sauce um etwa ein Drittel reduziert ist.
Serviert zwei Hauptgerichte oder vier
Vorspeisen.

98. Geschmorte Ochsenschwänze mit Rotwein

Zutat

- 6 Pfund Ochsenschwänze

- 6 Tassen Rotwein

- $\frac{1}{2}$ Tasse Rotweinessig

- 3 Tassen Cipollini-Zwiebeln oder Perlzwiebeln

- $1\frac{1}{2}$ Tasse Sellerie, in Scheiben geschnitten

- 2 Tassen Karotten, in Scheiben geschnitten

- 1 Teelöffel Wacholderbeeren

- $\frac{1}{2}$ Teelöffel schwarze Pfefferkörner

- Koscheres Salz, schwarzer Pfeffer

- $\frac{1}{3}$ Tasse Mehl

- $\frac{1}{4}$ Tasse Olivenöl

- $\frac{1}{3}$ Tasse Tomatenmark

- 2 Esslöffel Petersilie

Richtungen

a) Legen Sie Ochsenschwänze in eine große nicht reaktive Schüssel. Wein, Essig, Cipollini-Zwiebeln, Sellerie, Karotten, Wacholderbeeren, Pfefferkörner und Petersilie hinzufügen.

b) Die Ochsenschwänze von allen Seiten 10 bis 15 Minuten in Öl anbraten.

c) Die Ochsenschwänze mit der Marinade, den Wacholderbeeren, den Pfefferkörnern und 2 Tassen Wasser zurück in die Pfanne geben, das Tomatenmark einrühren, bis es sich aufgelöst hat. Zugedeckt 2 Stunden backen.

d) Fügen Sie das reservierte Gemüse hinzu. Köcheln lassen und die Gewürze anpassen

99. Fisch im Weinauflauf

Zutat

- 2 Esslöffel Butter oder Margarine

- 1 mittelgroße Zwiebel, in dünne Scheiben geschnitten

- $\frac{1}{2}$ Tasse trockener Weißwein

- 2 Pfund Heilbuttfilets

- Milch

- 3 Esslöffel Mehl

- Salz Pfeffer

- $8\frac{1}{2}$ Unzen Dose kleine Erbsen, abgetropft

- $1\frac{1}{2}$ Tasse chinesische gebratene Nudeln

Richtungen

a) Butter schmelzen. Fügen Sie die Zwiebel hinzu und erhitzen Sie sie unbedeckt in der Mikrowelle 3 Minuten lang. Wein und Fisch zugeben und erhitzen.

b) Pfannensäfte in einen Messbecher
   abgießen und genügend Milch zu
   Pfannensäften hinzufügen, um 2 Tassen
   zu entsprechen.

c) Schmelzen Sie die 3 Esslöffel Butter
   oder Margarine in der Mikrowelle für 30
   Sekunden.

d) Mehl, Salz und Pfeffer einrühren.
   Rühren Sie nach und nach die
   reservierte Fischflüssigkeitsmischung
   ein.

e) Unbedeckt in der Mikrowelle 6 Minuten
   erhitzen, dabei häufig umrühren, bis sie
   dickflüssig und glatt sind. Erbsen in die
   Soße geben.

f) Soße zum Fisch in die Kasserolle geben
   und vorsichtig umrühren. Unbedeckt in
   der Mikrowelle 2 Minuten erhitzen.
   Nudeln über den Fisch streuen und
   erhitzen. Dienen

100. Mit Wein angereicherte gegrillte Schweinekoteletts

Zutat

- 2 (16 Unzen) Flaschen Holland House® Red Cooking Wine
- 1 Esslöffel gehackter frischer Rosmarin
- 3 Knoblauchzehen, gehackt
- ⅓ Tasse verpackter brauner Zucker
- 1 ½ Teelöffel Tafelsalz
- 1 Teelöffel frisch gemahlener Pfeffer
- 4 (8 Unzen) in der Mitte geschnittene Schweinekoteletts, 3/4 Zoll dick
- 1 Teelöffel Ancho-Chili-Pulver

Richtungen

a) Gießen Sie Kochwein in einen nichtmetallischen Behälter. Zucker, Salz und Pfeffer hinzufügen; rühren, bis sich Zucker und Salz aufgelöst haben. Den abgekühlten Aromaaufguss einrühren.

b) Legen Sie die Schweinekoteletts in Salzlake, sodass sie vollständig untergetaucht sind.

c) Grill auf mittlere bis niedrige Hitze
    vorheizen, 325-350 Grad F.

d) 10 Minuten grillen; wenden und 4-6
    Minuten grillen.

e) Herausnehmen, mit Folie abdecken und
    vor dem Servieren 5 Minuten ruhen
    lassen.